そしてドイツは理想を見失った

川口マーン惠美

角川新書

はじめに

ドイツ人は、とても底力のある人たちだ。もし、地球が突然、氷河期のように寒くなったり、感染病のパンデミックに見舞われたりして、人類が危機に陥ったなら、日本人は滅び、ドイツ人は生き延びるような気がする。逆境になって初めて本領を発揮する原始的な生命力のようなものを、彼らはもっている。日本人のもつ繊細さと、まさに真逆な特質といえるかもしれない。ドイツ人のしぶとさと、日本人のひ弱さ。私は、そのどちらも嫌いではない。

ドイツは、イギリスやフランスほどの階級社会ではないが、日本ほど無階級な社会でもない。上層にはきわめて優秀な人たちがいて、陰に陽にドイツを誘導している。そして、中層をなす大勢の人たちが、真面目に働き、誘導された方向にドイツをしっかり牽引していくという構図だ。これがうまく機能して、戦後の瓦礫《がれき》のなかから強い国家が育った。

そして、それは一九九〇年、東西ドイツの統一で、さらに強化された。いまでは経済だけでなく、ドイツは政治的にも世界の大国の一つだ。EU（欧州連合）の中心的存在であることはいうまでもない。

そのドイツが、最近、なんだかおかしい。みなが「民主主義」や「人権」を謳《うた》いすぎる。政界でも、メディアでも、そして巷《ちまた》でも、現実離れした理想が滔々《とうとう》と語られる。そのくせ、いや、そのためにかえって「言論の自由」が抑圧されている気がする。だから、最近のドイツはなんとなく息苦しい。社会的な制約はどんどん外されていくのに、政治的発言においては、縛りが増えた。

この傾向が急速に強まったのは、二〇一一年あたりからだ。一九八二年から十六年間も政権を握っていたヘルムート・コール首相は、メディア嫌いで名高かった。それほど熾烈《しれつ》にメディアに叩かれ、対立したからだ。ところが、いつの間にか、メディアはドイツ政府と対立しなくなった。それどころか、強大な力を誇るアンゲラ・メルケル政権を、やはり強大な力をもつメディアが裏からしっかり支えている。

ユーロ危機のときのギリシャ支援、エネルギー政策、難民問題、対米関係は、どれもEUの命運を左右する重大懸案で、いまも解決していない。そして、それらに対応したメルケル政権のやり方には、いずれも大きな疑問符がつけられている。

にもかかわらず、メディアはそれを問題視せず、メルケルを人道の実践者、EUの救済者、環境保護のリーダーと持ち上げた。当然、二〇一七年の総選挙の前も、「メルケル政権安泰」、

「再びSPD（ドイツ社会民主党）との連立政権」というのが、大方のメディア予測だった。

しかし蓋を開けてみたら、盤石《ばんじゃく》であったはずのCDU（キリスト教民主同盟）は、歴史始まって以来、最大の敗北を喫したのだ。なぜ、国民はメルケルにノーを突きつけたのか。ドイツの経済は、この時期、絶好調に達していたというのに。

私は、敗北の原因は、ドイツ政府とメディアが一体になって理想を追いかけ、現実を見失ったからだと見ている。本書では、なぜドイツが、このような矛盾した理想主義に陥っていったかを探りたい。そのためには、ドイツの特殊な戦後の歴史にも触れなくてはならない。

さらに、ドナルド・トランプ米大統領がアメリカ・ファーストを唱え、中国が「一帯一路」というリアリズムを追求するいま、ドイツ人がこれから理想と現実にどう折り合いをつけていくのかという問題にも触れたい。その考察は日本の喫緊の課題であり、日本が国際政治の舞台で生き残っていくための重要なポイントになるはずだと思う。

理想のない政治はよくないが、政治が理想に支配されてしまうと、国家は破綻する。はたして、国家の本質とは何か。

日本人はいかなる理想を掲げ、いかなる国家をつくっていくべきか。これから記すことを、読者がそれを考えるきっかけにしてくだされば嬉しい。

目次

第2章　最強の女帝・メルケルの正体 49

第6章 そしてドイツは理想を見失った

序章　ＳＮＳ規制法案が可決された日

「言論の自由を守る」とされたSNS規制法案

二〇一七年六月三十日は、ドイツの長い夏休みの前の、最後の国会招集日だった。そしてこの日はまさに、現在のドイツの状況を端的に表していると思われる議題が続いた。その一つが、Netzwerkdurchsetzungsgesetzという法案についての討議であった。

これはフェイスブックや、ツイッターや、ユーチューブなどといったSNS（ソーシャル・ネットワーキング・サービス）上におけるヘイト（誹謗《ひぼう》）やフェイク（嘘）の書き込みを、迅速に取り締まれるようにしようというものだ。SPDのハイコ・マース法務・消費者保護相（以下、法相）が二年越しで熱心に進めていた法案で、「言論の自由を守るため」という触れ込みだった。

SNSは、膨大な数の利用者をもつ。もちろん誹謗中傷や嘘、違法な書き込みや動画もあとを絶たず、各社とも通報のあったものにはそれぞれ対応しているが、何といっても数が多すぎる。

フェイスブックは、通報のあった書き込みの四割弱、ツイッターに至ってはたったの一パーセントしか削除していないという。比較的迅速なのがユーチューブで、通報分の九割を削除。いずれにしてもマース法相の目には、その対応が甘すぎるらしかった。

論告のトップバッターは、もちろんマース法相本人。

「議長、そしてご臨席のみなさま！　ドイツでは二年にわたって、ネット上での憎悪の犯罪についてどう対応するかということについて、これまでにないほど激烈な、また、これまでにないほど大きく対立した議論が行なわれてきました。これは困難な議論であり、重要な、しかしどうしても避けられない議論でもありました。なぜなら、我々の最も悪い選択は、現状に対して何もしないという選択だからです」（ＳＰＤからの拍手）。

私がここでまず引っかかったのは、「憎悪の犯罪（Hasskriminalität）」という新語だ。こんな言葉はなかった。というか、いまもない。

Hass は憎悪、Kriminalität は犯罪。この単語には、憎悪が悪いことであるという印象が明白だ。しかし、人には生理的に憎悪という感情がある。そして場合によっては、ほんとうに誰かを憎悪する。

憎悪は、それが高じて他人に危害を加えれば犯罪になるが、その感情をもつこと自体は犯罪ではない。人には、憎悪する権利があるともいえる。

難しいのは、では、何が憎悪かということだ。たとえばSNS上の罵詈雑言《ばりぞうごん》の場合、悪口か、辛辣《しんらつ》な批判か、憎悪かの区別はどこでつけるのか。そして、どこからが犯罪なのか。

マースは、こう続けた。

「最近、連邦刑事庁が出した統計によれば、問題は、どれほど膨らんでいることでしょう。去年と一昨年で、ドイツでは憎悪のコメントが三倍にも伸びてしまった。だからいま、なすべきことは、少しばかりの調整や規制ではない。デジタル時代のための原則をめぐっての決断が求められているのです。インターネット上でこれ以上無法地帯が続くことのないよう……」

「正義と法をネット内で貫くときがやってきた」

そこまでいったところで、野党である緑の党からヤジが飛んだ。しかし、彼は続ける。

「インターネット上でこれ以上無法地帯が続くことのないよう、我々は、正義と法をネットのなかで貫くときがやってきました」(CDU／CSU〔キリスト教社会同盟〕とSPDから拍手)。

「みなさん、言論の自由は（中略）崇高な宝です。民主主義の、オープンな社会では、討論はなくてはならないものです。言論の自由には、醜い表現も含まれます。自由な世界ではみな、それに耐えねばなりません。しかし、言論の自由は、刑法の始まるところで終わります。だからといって、正義と法を守ることは、言論の自由への攻撃ではなく、言論の自由に対する保障となるのです。まさに、そのためにこの法律はあるといえます。

私は問いたい。もし、違った考えをもった人が、ネット上で無責任にも侮辱され、脅され、あるいは殺人の脅迫とともに攻撃されたなら、どこに言論の自由があるのだろうかと。犯罪的な憎悪のポスティングによって、違った考えの持ち主は萎縮させられ、発言を封じられています。このような憎悪のポスティングこそが、言論の自由に対する真の攻撃なのです。

このたびの法律により、我々はネット上の言葉による横暴を終わらせ、ネット上で意見を述べようとするすべての人の言論の自由を守ります」（ＣＤＵ／ＣＳＵとＳＰＤから拍手）。

「また、危険にさらされている二つ目の価値は、平等です。『すべての人は法の前に平等である』と基本法（憲法に相当：筆者註）には記されています。しかし、実情は少し違っている。新聞に記事を書くどのジャーナリストも、本をつくろうとするどの出版社も、街の広場で木箱の上に乗って演説をしようと思うどの市民も、みな、我々の正義と法に従わなくてはなりません。私は、この同じ正義が、SNSを運営する巨大なコンツェルンには適用されないという理由を見出すことはできない。法の上に立てるものはいないはずです。たとえそれが、フェイスブックであろうが、ツイッターであろうが」(CDU/CSUとSPD、左派党から拍手)。

「みなさん、フェイスブックはドイツだけで三〇〇〇万人の利用者がいます。世界中で、今年の第1四半期だけで、三〇億ユーロという記録的な利益をあげているのです。この数字を見れば、我々の社会での(自由と平等に続く:筆者註)三つ目の基本価値もかかわってくることがわかります。『財産を所有するものは義務を負う』ということも基本法で定められているものです。ただ、政治的なプレッシャーなしには、巨大なプラットフォームの経営者たちは、義務を行使することがないだろうということは、これまでの経験で明らかです。我々は十四カ月ものあいだ、(無駄な:筆者註)対話を試みてきました。だからいま、これを法律にするべく、行動を起こすことが大切なのです。

委員会でのこれまでの討議により、法律上の多くの重要な認識に到達することができました。しかし、目的は変わりません。つまり、これを私はいいたいのですが、我々はこの法律で、すべてを解決することはできないでしょう。我々はこれからも、これらプラットフォームの経営者、社会、そして、とくに司法に対して働きかけていかなければなりません。また、ヨーロッパレベルでも、共通の解決策を見出すため、戦っていくことになるでしょう。我々は、これからも、ネット上の野蛮な言葉を相手に戦うことでしょう。言論の自由を守るために、我々は、不安や萎縮の空気がつくり上げられることを防止しなくてはなりません。だからこそ、刑法に抵触する内容、刑法に抵触する憎悪は、将来は、すばやくネットから消されなければならないのです。この法律により、我々は、大きな一歩を踏み出すことになります。ありがとうございました」（ＣＤＵ／ＣＳＵとＳＰＤから拍手）

何が合法かをＳＮＳ運営会社は決められるのか

この法案は、巷では「ヘイト法案」とか「マース法案」などといわれているが、ここではＳＮＳ規制法案としておきたい。では、そのＳＮＳ規制法案は、具体的にはいったい、どのようなものなのだろう？

マースが、「刑法に抵触する内容、刑法に抵触する憎悪は、将来は、すばやくネットから消されなければならない」といっていたものは、簡単にいえば、「二〇〇万人以上のドイツのIPアドレスの利用者をもつプラットフォームを運営する各社は、苦情に対応する部署をドイツ国内につくり、不適当なポスティングが通報されれば、二十四時間以内に違法か否かを検討し、違法なものはただちに削除（違法か合法かの判断が難しい場合は七日以内）」というものだった。

それを守らなかった場合の罰金がすごい。運営しているSNSの会社に、なんと最高五〇〇〇万ユーロ（一ユーロ＝一二〇円として約六〇億円）の罰金が科せられる。

こうなると、フェイスブックやツイッターが、おとなしくドイツ政府のいうことを聞くのかは疑問だが、それよりもっと大きな問題は、書き込まれた情報が嘘であるかどうかを、誰が決めるのかということだ。

実際に、このあとに続く論告では、野党がその部分を執拗に追求した。

左派党は、同法案の法制化が、またたく間に進んでいることに強い懸念を表明した。SNSにおいてヘイトやフェイクの問題があることは事実だが、「だからこそ、その解決策の初めの部分は、真剣に、そして徹底的に審議されなくてはならない」。しかし、そこのところを、今回の法案は体現していないというのが、彼らの意見だ。

「私は、問題の根源を、もう一度はっきりと申し上げたい。（中略）プラットフォームは難しい法的決定を迫られることになります。彼らが罰金を逃れるために与えられた時間は七日間だけなのです。そうなれば疑わしいものは、用心のため削除してしまうということが起こりえます」。そして後述するように、この議員が表明した懸念は、半年後に一〇〇パーセント的中することになる。

このあとの論告では、しばしば激しいヤジの応酬となった。

たとえば、ＣＤＵの議員が「将来、プラットフォームの運営者は、フェイクかどうかの決定を、中立な第三者機関に委ねることができます。書き込みに違法な内容が含まれているかどうかということについて、ほんのわずかな疑いも――もちろん、『ユダヤ人は全員、ガス室に送れ』などというのは、違法な内容ですが――そうでない、ほんのわずかな疑いであっても、明確な基準のもと、有資格者によって、中立的に決定され……」といったところで、緑の党のベテラン議員が叫んだ。「それは司法の仕事だ！」と。

ブリギッテ・ツィプリス経済・エネルギー相は、マース法相と同じＳＰＤ、つまり与党（第三期メルケル政権はＳＰＤとの大連立）の議員でありながらも、同法案に警鐘を鳴らしていた一人だ。彼女がいうには、「何が合法で何が違法かを判断する管轄権を、ＳＮＳの運営会社に移譲してしまうのはおかしい」。

なお、この法案が可決されれば、合法か違法かの判断の背景に、どのような意見をもつ、どのようなグループが入り込むかがわからないという懸念もあった。その気になれば、ある勢力が人海戦術で特定の意見をフェイクだとして苦情を出しつづけ、つぶすこともできるのではないか。

さらに、独立した第三者機関というのも、そのスタンスが明確ではない。これについては緑の党が、「あなた方は、調査機関がどれだけ中立であるかということも、誰がその費用を負担するのかもいっていない」と指摘していた。マース法相は、言論の自由を守るための法案と強調していたが、こうなると、たしかにこれが言論弾圧の第一歩になる可能性はある。政府はそのうち、気に食わない意見をことごとく封じ込めることができるようになるのではないか。

チェック機関として第一候補に挙がっていたのが「Correctiv」という、二〇一四年に設立された公益団体だ。Correctiv はリサーチ機関で、寄付で賄われているという。ホームページの冒頭には、「私たちは信じない。裏を探り、解明する」と大書されている。

ただし、サポーターは草莽《そうもう》の民だけではない。同ホームページに公開されている寄付の額を見ると、Brost 財団がトップで、二〇一四年に六七万五〇〇〇ユーロ（八一〇〇万円）、二〇一五年に一四四万七〇九〇ユーロ（約一億七〇〇〇万円）、二〇一六年に九二万五〇〇〇ユーロ（一億一〇〇〇万円）。Brost財団というのは、アナレーナ・ブロストというメディアグループの大株主が創立した財団で、各種の文化事業などに多額の支援をしているが、Correctivへの寄付は破格だ。

その他、Correctivの大型寄付者として、連邦政治教育センター、各種財団法人、ドイツ銀行ほか、多くの大手メディアも名を連ねていた。ただ、Correctivがどのような基準でフェイクニュースを特定するのかということについては、明確な表明はない。

ドイツを「理想の国」に仕立てようとする真意

また、このＳＮＳ規制法案は、国会の外でも大きな波紋を呼んでいた。国連人権理事会の言論の自由・表現の自由に関する国連特別報告者ディビッド・ケイや、ＥＵの欧州評議会の事務総長トールビョルン・ヤーグランも、「他の国々に対する間違ったシグナル」であるとして強く警告していた。

また、ジャーナリストの組合も、法律家も、ＩＴ関係者も、経済界も、人権団体も、多くの人が同法の制定に大きな疑問を呈し、反対していた。

FDP（自由民主党）は、この時点で国会に議席はもっていなかったが、書記長が「ここ数年で最大の政治スキャンダル」と指摘し、国会議員に反対票を入れるように呼びかけていた。それどころか、事前に設けられた政府内の公聴会でも、招致された有識者一〇人のうち、賛成は一人のみで、この法案はEU法とドイツ基本法の両方に抵触するという結論を出していたのだ。

しかし、SPDのマース法相は強硬に押し通した。与党仲間のCDUの多くの議員がそれを応援した。そして、SNS規制法案はこの日、あっさり可決されてしまったのだ。ちなみに、その一つ前の審議ではほぼ満員御礼だった議場が、この法案の採決のときにはガラガラだったというから、多くの議員にとって、言論の自由などそれほど気にすることではなかったのかもしれない。

しかし、もしそうだとしたら、その報いはいつかやってくる。

一方、誰の頭にも浮かぶのは、この法案は、なぜ、これほど急いで採決されたのかということだ。じつは、この三カ月後に、連邦議会の総選挙が迫っていた。その選挙では、AfD（ドイツのための選択肢）が多くの議席を獲得するということが予想されていた。つまりS

NS規制法は、AfDに対する備えの一環だったという考え方もできる。

AfDとは、「極右」「ポピュリスト」「反民主的」「差別主義」などと悪評の高い、いわゆる「よからぬ民族派政党」である。二〇一三年の設立以来、すべての政党と大手メディアがスクラムを組んで、AfD撲滅のために力を尽くしてきた。いまのドイツでは、AfDに対する攻撃には、どんな手を使っても許されるほどだ。

しかし、さまざまな妨害にも負けず、ちょうどSNS規制法案が審議されていたそのころ、AfDは急伸中だった。そして、そのわずか三カ月後の二〇一七年九月二十四日、下馬評どおり、彼らは総選挙で大量の支持を得る。一方、SNS規制法の施行は二〇一八年一月一日。それ以降、この法案の矛先がどこに定められていくのかも、本書のなかで追っていきたい。

いずれにしても、SNS規制法の制定に際して、深い討議が行なわれたとは言い難い。だいたい、妥当だと思われる反対意見が、あらゆる分野でこれだけ強かったのにもかかわらず、与党はそれを意に介さず、法案を強引に通してしまった。そこには、どんな力学が働いていたのか？　誰かがこの国を「理想」の国に仕立て上げようとしていたのか？　そうだとすれば、その理想は、戦後、ドイツ人が懸命に守ってきた「民主主義」とどういう位置関係になっているのだろう？

かつて、アドルフ・ヒトラーが足元を固めていった過程は合法的だったといわれる。しかし実際には、合法に見せかけた違法行為を巧みに連結していくことで、ワイマール共和国という法治国家は、気づいたら、穴ぼこだらけになっていた。

しかし、ヒトラーが求めた世界も、やはり彼の理想の世界だった。そのためにヒトラーは、彼の理想の世界にとって必要のないもの、汚いもの、無能なものをこの世から消し去ろうとした。

ドイツ人は、夢見る人々だ。いつも理想を追求している。彼らにとって、理想とは崇高なものなのだ。そして、理想は高ければ高いほどよい。

そのドイツ人がいま、これほど急激に言論を取り締まりはじめた理由は、はたして何か。彼らはその先に、どんな理想の世界を見ているのだろうか。

そうしたドイツの動きを知るためのキーワードである「理想」の本質を考えるためには、ドイツ人がかつて歩んできた道、そして、あの戦争について徹底的に考えることが欠かせないと私は思っている。次章では、ドイツにとっての「理想主義」を歴史的な視点から考察してみたい。

第1章

戦後ドイツとナチズムとの闘い

自然よりも精神を重視する「ドイツ観念論」

ドイツには、「ドイツ観念論」という哲学の系譜が存在する。ドイツ語では、Deutscher Idealismus（ドイツ・イデアリズム）で、直訳すれば「ドイツ理想主義」である。明治時代の先人が、イデアリズムを観念論と訳したのはそれなりに素晴らしい感性ではあるが、ドイツ理想主義論としたほうが、いまではわかりやすいかもしれない。

「ドイツ観念論」は十八世紀後半から十九世紀初めに隆盛した思想で、その代表的な思想家が有名なG・W・フリードリヒ・ヘーゲル（一七七〇〜一八三一年）。簡単にいうなら、それは自然よりも精神のほうを高い位置に置くという考え方だ。すなわち、世界にはなんらかの精神的な理念が存在していて、それが歴史などを通じて実現する。そこでいちばん重要なものは、もちろん人間の「理性」だ。

観念論の対義語はMaterialismus＝物質主義で、これを知ると、現在のドイツ人の思想や行動の多くも、「なるほど」と説明がつく。

なぜなら彼らは、物質を軽蔑しつつ、同時に心を惹かれるというアンビヴァレンス（相反する）な感情にしばしば苛《さいな》まれるからだ。そのせいだろう、古来よりドイツでいちばん尊敬されるのは、医者でも、科学者でもなく、哲学者や神学者など、ほんとうに物質ごときとは遠く離れたところで思索している人たちだった。中国人が物質に執着しつつ、儒教における君子を求めるのと本質は同じかもしれない。

そうしたドイツ観念論に加え、フリードリヒ・ニーチェ（一八四四～一九〇〇年）の実存主義などに強く影響され、人間の「存在」の意味を歴史や時間軸で思考するという独自の哲学を打ち立てたのが、マルティン・ハイデッガー（一八八九～一九七六年）である。そのハイデッガーは、戦前にナチの思想を支持していたことを指摘され、その加担者といわれて、戦後も長らく大きな論争に巻き込まれつづけた。

いずれにしても、戦後のドイツは、このナチズム抜きには語れない。ドイツ人にしてみれば、自分たちはヘーゲルの時代、いや、もっと前から高邁《こうまい》な理想を追求していたはずだったのに、ヒトラーのせいで道を踏み外してしまったのだ。

だからこそ、ナチズムに対する反省、そしてそこからの脱却こそが、ドイツ人の最大の課題となった。とくにドイツの知識人に、道徳的なものに対する過剰なまでの欲求があるのは、自分たちがすさまじい負の遺産を背負っているという肩身の狭さと表裏一体なのだろう。

それでは、戦後ドイツはいったい、ナチとどのように闘ってきたのか？　そこではどのような言論空間が形成され、それがいまのドイツにどのような影響を及ぼしているのか。

ドイツの歴史は真っ二つに分断されている

「虐殺の歴史というのは、無視するものといつでも相場が決まっている。ただ、それを告白した国がただ一つある。ドイツだ」（ドイツの大手新聞『ディ・ヴェルト』紙タブロイド版、二〇一六年五月二十七日付より）

ドイツは第二次世界大戦後、何十年にもわたってホロコーストに対する反省と謝罪を国是としてきた。それはまさに、全体主義の生んだ罪を清算しようとしたことにほかならない。犯罪の規模があまりにも大きく、証拠も出揃っていたために、早急に対策をとらなければ国際社会に復帰できないという切迫感も強かった。終戦直後のドイツのイメージは、それほど損なわれ、地に堕《お》ちていたのだ。

そこでドイツに残されたのは、ナチズムという過去を絶対悪として、それを現在から切り離すという作業だった。戦後のドイツからは、ヒトラーに共感し、あるいは熱狂し、その政治の一翼を担ったり、草の根として下から支えたりしたはずの人たちが忽然《こつぜん》と消えた。はっきりと黒い証拠が出た人間だけは、公職や重職から追放されたが、それは国民のごく一部でしかなかった。

もともとドイツには一八七一年より、「公衆の平和を乱すようなやり方で、社会の異なった階級に対して、公然と暴力行為を促す者には、二〇〇ターラーの罰金、あるいは二年の懲役が科せられる」という法律があった。現在の「民衆扇動罪」の原型である。ちなみに一八七一年は〝鉄血宰相〟オットー・フォン・ビスマルク（一八一五〜一八九八年）の尽力によってドイツ帝国が成立した年で、それまでドイツは三〇あまりの大小の邦国の集まりだった。

第二次世界大戦後、「民衆扇動罪」は基本法にあらためて規定され、それが東西ドイツ統一後、さらに厳しくなった。一九九四年には、ホロコーストに特化した第三項が付け加えられ、ホロコーストがなかったとか、それほどひどくなかったなどというと、罰せられることになった。

そして二〇〇五年には、ナチを賛美したり、被害者を傷つけるような行為や集会を制限する第四項が加わった。

ヒトラーの徹底否定。新生ドイツはこの国是の上に建てられたといっても過言ではない。

それは、ヒトラーは絶対悪で、それを超える悪は存在しないという考え方だ。これまで世界で起こったどんな虐殺とも悪政とも別次元の、絶対的な悪として、ホロコーストは捉えられた。

だからこそ、ホロコーストは何と比べてもいけなかったし、ヒトラーやナチズムの研究も禁止された。その研究は、ホロコーストの否認や、相対化や、無害化につながる可能性があったからだ。しかし、研究がすべてダメとなると、いったい何が起こるか？　当然、ドイツの歴史はヒトラーの死とともに、真っ二つに分断されることになる。「それ以前」と「それ以後」だ。

「それ以前」から「それ以後」につながるものは認められない。ドイツ人が浮かばれるためには、その方法しかなかった。こうしてドイツ人は戦後、自分とは無縁の「それ以前」の世界の人々の罪を、彼らに代わって謝罪しつづけた。

一九八〇年代に大議論になった「歴史家論争」

ドイツでナチズムについての解釈がぶつかり合い、その論争が歴史学界だけでなく、政界、経済界などの多くの知識人を巻き込んで最高潮に達した時期がある。一九八〇年代後半に起こったその大論争は、「歴史家論争」と呼ばれている。

事の始まりは一九八六年、歴史家であり、哲学者であったエルンスト・ノルテ（一九二三～二〇一六年）が、ドイツの大手一流紙である『フランクフルター・アルゲマイネ』紙に寄稿した「過ぎ去ろうとしない過去」という論文だ。

この表題の意味はこうだ。あらゆる事象は、その時代の政治や利害を反映し、しかも濃厚な感情に支配されて形成される。しかし、政治的環境や利害関係はやがて変化し、感情すら薄まっていく。そこで、ようやく冷静な検証が可能になり、事象は「過去」となれる。

ところが、ナチズムだけはそういう自然の流れをとれない。なぜなら、それについての議論や研究が禁止されているからだ。その結果、ナチズムは客観的な過去、つまり、歴史となることができない。その反対で、ますます生き生きとし、力強くなっていく。つまり、表題のとおり「過ぎ去ろうとしない」。

ノルテはすでに一九八〇年、「歴史伝説と修正主義のはざま？　一九八〇年の視角から見た第三帝国」という講演において、第三帝国（ヒトラーの政権）についての認識には修正が必要であることを提唱している。

彼によれば、一定の人間を根絶しようとするアイデアさえ、ヒトラーの時代に世界で初めて生じたものではないという。それ以前に、ヨシフ・スターリンの階級テロである「大粛清」という「オリジナル」が存在する。そうした事実を無視し、また比較することも研究することも禁止し、アウシュヴィッツだけを孤立させて裁くことは無意味である。研究そのものは、歴史の伝説化でも、修正主義でもない。だから、変化した現実を踏まえて、もう一度、戦前の歴史を研究すべき、というのがノルテの講演の主旨だった。

ただ、このノルテの主張は、まさしく「それ以前」の人々の罪の相対化の可能性があり、すなわち「それ以前」から「それ以後」へのつながりを復活させることになるかもしれなかった。そこで激しい反論が巻き起こった。その筆頭が、ドイツの哲学者、ユルゲン・ハーバーマスだ。彼が『ディ・ツァイト』紙に寄稿した「一種の損害清算」の主旨は、要約すれば、以下のようなものだった。

ノルテたち歴史修正主義者の議論は、「歴史の経過のなかにおける損害は、国民共通のアイデンティティによって清算しなければならない」という誤った見解である。彼ら歴史修正主義者は、この「損害清算」を戦後ドイツに当てはめようとしている。そもそもホロコーストをスターリン、あるいはカンボジアのポル・ポト政権の虐殺と比較すること自体が、ヒトラーの犯罪を相対化しうる。すでに「国民国家」という考え方自体が意味をなさない世界において、我々は戦後西ドイツが獲得してきた西欧型デモクラシーこそを普遍的な「ポスト国民的アイデンティティ」とすべきだ——。

実際に論文を読んでみると、ノルテの主張が言葉の選び方を含め、きわめて慎重であるのに比べて、ハーバーマスの論文には、「公正な歴史的解釈」が背後についていることへの自信が感じられる。大きな渦となったこの論争は二年間続き、ノルテは論壇で次第に孤立していった。最後には、ハーバーマス派がノルテをはじめとする「修正主義派」を封じ込めたかたちで、論争は決着した。

ノルテの敗北は決定的であり、それ以来ドイツでは、ナチズムと他の歴史的事象の比較を試みること自体が完全にタブー化した。歴史論争から十年以上経った二〇〇〇年、七十七歳のノルテが「コンラート・アデナウアー賞」を受けたとき、ＣＤＵ党首であったメルケルは、授賞式で祝辞を述べることを拒絶した。

いまのドイツでは、ヒトラー以前のドイツ史にも、その封建制のゆえ、あるいは、アウシュヴィッツの「前史」であったという理由のため、そこはかとない否定的なニュアンスが添えられる。ドイツ人とは、すなわち、自分の過去に自信をもつことを禁じられた人々であるともいえるだろう。だからこそ、「自信をもちたい」という欲求は、あらゆるエネルギーとともに、「理想」の追求となって未来へと向かうのである。

そして、ドイツのイメージは完全に刷新された

元外交官の色摩力夫氏は、ドイツが謝罪しつづけた理由を、少し違った角度から説明している（『日本の死活問題』グッドブックス）。普通、戦争が終われば、戦勝国と敗戦国は「平和条約」を締結し、賠償問題その他の請求権を一括処理する。

日本は、軍隊としては「無条件降伏」をしたが、国家としては無条件降伏ではなく、ポツダム宣言の条項を条件として「降伏」した。それに基づき、主な連合国と「平和条約」を結び、ソ連とは「日ソ共同宣言」、韓国とは「日韓基本条約」および「日韓請求権協定」、そして中国とも別途、特別の法的措置をとり、戦後処理を決着させた。

ところがドイツの場合は、国防軍が「降伏」したとき、元首であるヒトラーはすでに自殺していて、その後に建ったカール・デーニッツ臨時政府は、連合国から当事者能力を否認された。そこでドイツは無政府状態のまま全土を敵方の軍隊に占領され、壊滅状態に陥った。

つまりドイツは「征服」されたのであり、国家として「降伏」することが叶わなかった。当然、「平和条約」を結ぶ機会も、資格もなく、賠償などの戦後処理を一括して解決することができなかった、というのが色摩氏の見方だ。

国家というのは、領土・国民・主権という三つの要素からなる。政府がないということは主権がなく、つまり国家がなくなったということで、それが国民にとってどれほど不安な状況であったかということは、想像するだに恐ろしい。警察も、軍も、法律も、要するに、自分たち国民を守ってくれるものは、何もなかったのだ。

そのドイツがようやく独立できたのは一九四九年。しかし、このときも不幸なことに、西と東という二つの国に分裂してしまった。だから平和条約の締結は、東西ドイツが統一されたときまで、先送りされることになった。当時は、東西の分断がまさか四十年以上も続くとは、誰も想像していなかったのである。

しかし、ドイツに補償を求めようという人たちは、ドイツの統一を待たずに西ドイツに補償を求めた。というのも、東ドイツは自分たちの国をヒトラーのナチス・ドイツの継承国としては認めておらず、さらにはいつの間にか、自らがファシズムと闘い、ヒトラーを倒したということになっていたからだ。それに何といっても、支払い能力のある「民主主義国」

西ドイツに請求書をもっていくのは、普通の人間なら誰でも思いつくことだった。

とはいえ、その西ドイツも、すべての国に賠償をしたわけではない。地道に行なったのはホロコーストに対する補償だけだ。その他のいわゆる通常の戦争犯罪については、あまり知られていないが、じつは拒否しているものが多い。なお、ホロコーストの補償に関しても、ドイツ政府は、それが人道的なものであり、法的な拘束力はもたないことを強調した。法律で決めてしまうと相手に正当な権利が生じ、同じ条件を提示してきた他の被害者にも全員、同じ補償をしなければならなくなる。そして、そうなってから法律を変更しようとしても、それはほとんど不可能に近い。

一九九〇年十月三日、東西ドイツは統一を果たし、東西ドイツの代表者と、連合国四カ国(アメリカ、イギリス、フランス、ソ連)が、ようやく平和条約を結べる手はずが整った。実際、そこで戦後、うやむやになっていた領土の境界線などの最終決着がついたが、しかし、彼らはその条約を「平和条約」とは名づけず、「ドイツ最終規定条約」とした。

これは、東西ドイツの二カ国と連合国四カ国が結んだため、通称「2プラス4条約」と呼ばれている。

なぜそんなことをしたのか? 平和条約と銘打てば、世界中から戦時賠償の訴えが殺到するかもしれなかったからだ。「ドイツ最終規定条約」あるいは「2プラス4条約」なら、それを避けられる。そのうえドイツ政府はかねてから、「賠償問題を持ち出すには、時間が経ちすぎている」とも主張していた。

結局、新生ドイツは平和条約は結ばずに終戦手続きを完了し、賠償問題は未来永劫《えいごう》、消えた。法律には頑迷な拘束力がある一方、言葉一つで無力になるときもある。

ドイツ統一のなった一九九〇年には、すでにドイツ人の謝罪が、たわわな実を結びはじめていた。それからさらに三十年近くの歳月が経ったいま、ドイツ人のイメージはすっかり刷新され、彼らは「誠実でモラルの高い国民」になった。世界の多くの人たちがそう思っているのはもちろんのこと、冒頭に挙げた『ディ・ヴェルト』紙のジャーナリストをはじめ、ドイツ人自身がそう自負している。

実際にドイツ人の多くは心から誠実であり、しかも、自分たちが誠実だということを露ほども疑わない。これは戦後七十年間の教育の成果ともいえるだろう。だから、いまやドイツ人は、自分たちが「理想」だと思った姿に、限りなく近づいている。第4章で詳しく述べる難民の受け入れなどにも、その理念は顕著に現れ、そこには暗い歴史を克服した彼らの自信が満ち溢れていた。

なぜドイツはEUを絶対に手放さないのか

ドイツ人が自信を取り戻した背景として、EUが果たした役割も大きい。それどころか彼らは、自国の発展はEUのそれとともにしかありえないと、統一のころから固く心に誓っていたのかもしれない。

ドイツの統一というのは、二十世紀の大きな歴史的出来事の一つだが、当初、それを寿《ことほ》いだのはドイツ国民だけで、じつは他の多くの国は不信の目で眺めていた。コール首相の統一への努力に、フランソワ・ミッテラン仏大統領やマーガレット・サッチャー英首相らがどれだけの妨害工作を用いたかは、当時の記録が開示されてきたいま、徐々に知られてきている。コール首相はあらゆる屈辱に耐え、統一を勝ち取ったのだった。

しかし、当初は狂喜したはずのドイツ国民自身も、半年ほどで熱が冷めた。旧東ドイツは、旧西ドイツにとって巨大なお荷物となり、その統一は、まさに茨の道だった。現在のドイツは自他ともに認めるヨーロッパの強国となったが、ここに到達するまでには、強固な意志と、緻密な計画、そして、大いなる努力が費やされたのだ。

いまも昔も、ドイツ人の不幸は、周りに「好きだ」といってくれる人がほとんどいないことではないか。中国人とドイツ人はほとんど相思相愛だし、日本にも、韓国にもドイツファンはたくさんいる。しかし、ヨーロッパでは、ドイツ人がどれほど民主主義を実践しようが、周りの国々は警戒心を解かない。

何を警戒されているかといえば、ひと言でいえば、その底力だろう。そうでなくても東ドイツを呑み込んで以来、ドイツはヨーロッパのど真ん中に鎮座する大国だ。経済的には、西ドイツ時代から周りの国々を睥睨《へいげい》していたし、ユーロが定着してからは、その優越性はいっそう明白になった。

おそらくこの強さが、過去の歴史を彷彿《ほうふつ》とさせるのではないか。いつか経済だけではなく、軍事的にも強くなり、再びヨーロッパをとんでもないことに巻き込むのではないかという漠然とした不安を、いまでも周りの国々は抱いている。

それを知っているからこそ、ドイツにスタンドプレーは許されない。あくまでも「ヨーロッパのなかのドイツ」「EUのなかのドイツ」というスタンスを貫き、間違っても、強大化とか、復権などという嫌疑が生まれないように努力している。ドイツが成長するためには、否が応でもEUの一員として、EUをも成長させなければならないというのが、彼らの宿命といえる。そして、この努力が実り、ドイツはすでにナチズムも過去のものとして清算したように見えた。

ときにひょっこり顔を出す「それ以前」の歴史

しかし、切り離したはずの「それ以前」は、ときにふとしたきっかけで、ひょっこりと顔を出す。

二〇一七年八月二日、「弁護側の収監免除の申請は却下された」と、ハノーヴァー地方検察庁の報道官はテレビカメラに向かっていった。検察は、九十六歳のオスカー・グリョーニングを「被拘留能力あり」と認定したのだ。

グリョーニングが有罪判決を受けたのは、その二年前の二〇一五年六月、リューネブルクの地方裁判所でのことだった。被告席にちょこんと座っていたのは九十四歳（当時）の小柄な男性。別段怯《おび》えてはいなかったが、どちらかというと、キョトンとしていた。

映像でその表情を見たとき、私は父を思った。そのころ、まだ存命だった父は九十歳で、子供のように可愛くなってしまっていた。もし父が被告席に座り、こんなに大勢の人やカメラに囲まれたら、やはりキョトンとするだろうと思った。父はその二カ月後に亡くなったので、私はこのニュースをよく覚えている。

グリョーニングは元ナチの親衛隊員だった。二十一歳のときから二年間、アウシュヴィッツで働いていたため、三〇万人の殺人に対する幇助《ほうじょ》罪で訴えられた。強制収容所の職員の名簿や勤務表は多くが失われているが、彼の書類は見つかり、アウシュヴィッツにいたことが証明された。検察は三年半の懲役を求刑していたが、判決は、それより長い四年の懲役となった。弁護団はただちに連邦刑事裁判所に控訴したが、翌年、それは却下された。その後、グリョーニングの年齢と健康状態を理由に収監の保留を申請したが、それも前述のとおり退けられたのだ。

アウシュヴィッツでは、貨物列車で到着した人々は、その場で持ち物のすべてを没収されたという。それを係の者が整然と分類していったのだが、コートやジャケットの縫い目を解くと、必ずといってよいほど貴重品が隠されていた。ユダヤ人の最後の財産であるダイヤモンド、貴金属、そしてお金……。

二十三歳の親衛隊員グリョーニングは、そのなかから外貨を分類し、計算するのが仕事だった。だからメディアはグリョーニングのことを「アウシュヴィッツの簿記係」と少し蔑《さげす》んだ呼び方で書いた。

一九四四年五~七月の二カ月間、アウシュヴィッツではハンガリー・アクションと呼ばれた作戦が実行された。四二万五〇〇〇人のハンガリーのユダヤ人がここへ連れてこられ、そのうちの少なくとも三〇万人が、到着後、まもなくガス室で殺害されたといわれている。

グリョーニングの公判では、「アウシュヴィッツは機械的に殺人が行なわれた場所である。ここで行なわれたことは、当時もいまも犯罪だ」「七十年後であっても、正義は示されなければならない」などと書かれた判決文を、裁判長が二時間かかって読み上げた。

「グリョーニングさん、あなたが、自分は歯車の一つであっただけだと主張しているその行為こそが、法律で殺人幇助と定められている行為なのです。ヨーロッパのユダヤ人の殺戮《さつりく》は、あなたのような人間によって成就されました。なにもサディストによってのみ為されたわけではありません」

「あなたは普通の人間でした。銀行で仕事を覚え、スポーツをし、自分の考えももっていました。もちろん、洗脳はあったでしょう。しかし、思考が人間のなかで止まることはないのです。あなたは、勇猛果敢なSS（親衛隊：筆者註）に属したいと自分で決めたのです。その決定は責任を伴います」

『デア・シュピーゲル』誌オンライン版は、「あなたは勇猛果敢なSSに属したかったのでしょう」という裁判長の言葉をタイトルにして、この件を報道した。

ホロコーストの罪で裁かれる最後の罪人

ユダヤ人の抹殺は、まごうことなく、唾棄《だき》すべき犯罪だ。裁判長のいっていることは完全に正しい。しかしもしホロコーストと関係のない犯罪なら、この判決は不遡及《ふそきゅう》の原則（事後法の適用を受けないという原則）に引っかかる。

さらにいえば、二〇一一年までは、ドイツの法律では彼を殺人幇助に問うことはできなかった。グリョーニングが検察に目をつけられたのは一九七〇年代だった。しかし七七年に始まった捜査は、八五年に中止されている。当時のドイツの法律では、殺人幇助罪はじかに殺人を手伝った者にしか適用されなかったからだ。

しかしその後、他の強制収容所で看守をしていた男性の裁判が始まった。そして二〇一一年、ミュンヘンの州立裁判所が、この被告に懲役五年の判決を言い渡した。罪状は三万件の殺人幇助。弁護団は控訴を考えたが、高齢であった被告がその前に亡くなってしまい、訴訟には終止符が打たれた。

ただ、最終決着はつかなかったものの、このときの判決は、強制収容所における殺人幇助の定義を塗り替えた。以後、強制収容所にいた者を殺人幇助で訴えるためには、殺人に直接関与したという証拠は不要となり、そこで働いていたことがわかれば、訴えることが可能になった。これが契機となり、グリョーニングの件が再び法廷に引き戻され、有罪判決がくだったのである。

弁護団は最後の手段として、憲法裁判所（最高裁に当たる）に収監免除を申請したが、二〇一七年十二月二十九日、それも拒否された。法律的には、これで最後の手段が絶たれたことになり、グリョーニングは拘置所に移されなくてはならなくなった。ただし二〇一八年一月、今度は弁護団によって恩赦を求める請求が出されたようだ。

この公判は、私にとって衝撃だった。はたして人間は、七十年以上前の状況を正確に把握し、そこで生きた当時の人を公正に裁けるのだろうか？　当時のドイツには、ナチの協力者が一二〇〇万人いたといわれている。そこで二十歳を少し過ぎた青年がSSに憧れた。それを諫めなかった大人たちの責任はどうなるのか？

周りの幾人かのドイツ人に意見を聞いてみた。しかし、この判決にこだわっているドイツ人はいなかった。「九十六歳で収監は気の毒だが」とはいいつつ、「しかし、ほんとうにお金を数えていただけなのだろうか？」「高齢だからといって釈放されては、犠牲者に対して不公平だ」という意見が多かったのだ。たとえどんな事情であっても、ユダヤ人の虐殺に協力していたなら、求刑も判決も当然というのが大勢だった。

いまのドイツ人のなかには、過去とつながるものは何もない。だからこそ、そこにひょっこり九十六歳の老人が現れても、誰も戸惑わない。グリョーニングはいまのドイツ人にとって、「それ以前」と「それ以後」をつなぐものとはなりえないらしい。

おそらくグリョーニングは、ホロコーストの罪によって裁かれる最後の罪人だろう。いま生きている人間で、裁判に臨める人間がほかにいるとは思えない。ここに至ってドイツの過去の克服は、ついに完成を見たといえるのではないか。

第2章
最強の女帝・メルケルの正体

無名のメルケルを大抜擢したコール首相

ナチズムの歴史を克服し、道徳の優等生となり、最強の経済を手に入れ、EUのなかで盟主の立場を手にしたドイツ。そうした戦後ドイツの「復権」を語るうえで、やはり欠かせないのが、二〇〇五年から首相の座を担うメルケルという人物だ。

かつてメルケルのファンだった私は、詳細に彼女の一挙手一投足を追っていた。そして気づいたのは、彼女が類稀なるリーダーシップによって女帝といわれるようになったころから、どうもドイツという国家自体のアイデンティティが、大きく変貌しはじめたのではないか、ということだ。

一九五四年、当時の西ドイツ、ハンブルクでメルケルは生まれた。その前年の一九五三年、東ベルリン（当時）でソ連の圧政に対し、大衆が蜂起した。東ドイツの人民軍は、駐留していたソ連軍の助けを借りて、自国民を瞬く間に制圧した。

すでに敷かれていた言論統制のせいで犠牲者の数はいまだ不明だが、その後、五〇〇〇人以上の逮捕者が出たことがわかっている。これによって東の住人が堰《せき》を切ったように西へ逃れ、その波が止まらなくなった。困った東ドイツ政府がそれを阻止するために壁をつくったのが、一九六一年のことだ。

ところがメルケルは生後数週間で、東から西へと流れていた人の波に逆らうように、両親に連れられて西ドイツから東ドイツへと移住している。父親は牧師だった。宗教をアヘンとして憎む政権のもと、本来なら、教会関係者は東ドイツの体制の敵だが、メルケルの父親は、どうもそうではなかったらしい。

その後も、父親は西側へ出る特権を与えられていたというし、メルケル自身もドイツ最古の大学の一つであるライプツィヒ大学で物理学を修めた。家は教会と身障者の施設に隣接していた（それが、メルケルの人道重視のルーツと見なされることが多い）。優秀なメルケルは、ギムナジウムでさまざまな学業コンテストの賞を取り、ＦＤＪ（自由ドイツ青年団）の活動にも参加し、有意義な学生生活を送っている。

ちなみにＦＤＪというのは、東ドイツの独裁党ＳＥＤ（ドイツ社会主義統一党）の青年部だ。いずれにしても、彼女の育った家庭は、東ドイツの反体制の家ではありえなかった。それどころか、東ドイツのエリートだったといっても、それほど的外れではないと思う。

大学を出て、東ベルリンの科学アカデミーの研究者となったメルケルは、一九八九年十一月九日、ベルリンが大騒ぎになっていたその夜、サウナにいたが、壁が開放されたことを聞き、そのまま徒歩で西ベルリン（当時）に入る。彼女がそこで目にしたものは、夢にまで見た「自由」だった。この瞬間から、メルケルの運命が急速に展開しはじめる。

まず一カ月後、新しく結党されたDA（民主主義の萌芽）に入党。なぜ東ドイツのCDUやSPDに入らなかったのかと聞かれた彼女は、すでに組織ができあがりすぎていて、活躍する場所が限られると思ったから、と答えている。一方、緑の党は彼女にとって左派すぎたらしい。

さらにその二カ月後には、東ドイツでの最初で最後の自由選挙が行なわれ、一九九〇年四月、メルケルは新政府の副報道官となった。しかし夏にはDAは解散し、メルケルはCDUに移った。そして十月にドイツは統一、東西のCDUも合体した。

ドイツ統一の直前、メルケルはコール首相に会う。メルケル自身が望んだ会見だった。その瞬間、コールはメルケルの才能を見抜き、翌々月に予定されていた統一後初の総選挙にメルケルを押し込んだ。そして、当選した無名の彼女を、鶴の一声で婦人・青少年省（当時）の大臣に抜擢した。

新生ドイツは東西のバランスをとるため、東ドイツ出身の政治家を必要としていた。とこ

アンゲラ・メルケル独首相（写真提供：EPA＝時事）

ろが、もともと東ドイツで政治にかかわっていた人たちは、往々にして「独裁政権」や「秘密警察国家」との関係が深すぎて使いものにならなかった。その点で、政治未経験のメルケルの「東ドイツ出身」と「女性」という二つのスタンスは、まさにピカピカの勲章にも等しかった。

このあとのメルケルの出世はすさまじい。しかしまた、彼女ほどメディアからいじめられた政治家も珍しかっただろう。多くの国民もその尻馬に乗ってさんざん悪口をいった。最初のころは「コールの小間使い」と馬鹿にされ、そのうち、だんだん実力を発揮しはじめると、それが「冷酷な女」に変わった。とりわけひどかったのは容姿についてのあざけりで、後年、インタビューでそのことを聞かれたメルケルは、

「傷つかなかったといったら嘘になる」と答えている。

蛇足ながら、二〇〇五年に首相になってからの彼女の変身ぶりは著しく、どんな化粧品の宣伝よりも女性たちを勇気づけてくれる。若いときは色気も美貌も強調することのなかったメルケルだが、いまでは服装もカラフルで、子供ほど年の違う各国の若い政治家たちとハグする姿など、それなりに魅力的でもある。

ちなみにメルケルという名前は最初の夫の苗字で、現在の夫は世界的に名高い物理学者だ。パパラッチ嫌いなのであまりメディアには登場しないが、なかなか素敵な男性である。

恩人のコールに「三行半」を突きつけた冷徹さ

メルケルについて書くとき、見逃してはならないストーリーがある。メルケルがCDUの書記長だった一九九九年末の「クーデター」だ。

当時、SPDのゲアハルト・シュレーダー政権下、コールは過去の闇献金問題の発覚で窮地に陥っていた。しかし、コールは十六年間も首相を務めたVIPで、しかもこの時点では、まだCDUの党首だった。そのため、党員たちはこの問題にうまく対処できず、グズグズしていた。ＣＤＵの支持率は急降下した。

そのとき、単独でコール批判の論文を『フランクフルター・アルゲマイネ』紙に寄稿したのがメルケルだった。旧東ドイツ出身のメルケルは、問題の疑獄とはいっさい関係がなかったのが強みだった。なおこの寄稿は、誰かに相談すると反対されることがわかっていたため、メルケルの個人プレーだったといわれている。

この事件は、コールとメルケルのあいだにあった特別な関係を知ると、いっそうそのすごさがわかる。前述のように、東西ドイツの統一後まもなく、名もないメルケルの政治的才能をいち早く見抜き、選挙区を与えて議員にし、たちまち大臣に抜擢したのがコールだった。つまり、コールなくして現在の政治家メルケルはないともいえる。

なのにメルケルは、コールがいちばん弱っていたときに「三行半《みくだりはん》」を突きつけた。この衝撃は大きかった。「謀叛」とか「父親殺し」などと陰口も叩かれた。

しかし一方、泥沼に陥っていたＣＤＵを、メルケルのこの寄稿が救ったことも事実だ。これをバネにＣＤＵはコールと決別し、ＣＤＵは新しい門出を果たした。そして、コールの後継者と見られていたヴォルフガング・ショイブレは失脚し、その代わりに救世主メルケルが初の女性ＣＤＵ党首となった。これが、のちに首相にまで上り詰めるための輝かしい糸口となったことは、いうまでもない。メルケルに機を見る才能が人一倍あったことは確かだ。

メルケルが首相になったのは二〇〇五年。このころ、私はメルケルのファンだった。正直そうで、少々不器用そうで、信頼できそうな気がした。

就任の翌日、メルケルはパリを表敬訪問している。相手はジャック・シラク大統領。そのあと、エリゼー宮の主はニコラ・サルコジ、フランソワ・オランド、エマニュエル・マクロンと交代したが、ドイツの首相は変わらない。それどころかこの十二年間、EUの多くの国々が経済の不調に苦しんでいるなか、ドイツの経済だけが絶好調になった。

とはいえ、これがすべてメルケルの手柄かというと、もちろんそうではない。東西ドイツ統一のあと、猛烈な不景気に陥り、「欧州の病人」とまでいわれたドイツの経済を立て直したのは、メルケルの前任者であるシュレーダー首相（SPD）が二〇〇三年に断行した「アジェンダ2010」という労働構造改革だった。

ただ、「アジェンダ2010」では、ドイツ企業の競争力を強化し、雇用を促すため、自ずと企業寄りの改革となり、法人税は引き下げられ、解雇のハードルも低くなった。つまり、労働者は職を得た代わりに、低賃金で、不安定な労働条件に甘んじなくてはならなくなった。

結局、これらの政策は、本来のSPDの社会主義的な理念と相容《あいい》れず、シュレーダーは自党内でも国民のあいだでも人気を失い、信任を問おうとした総選挙にも敗れ、政権はメルケルの手に移る。しかし皮肉なことに、その後しばらくして「アジェンダ２０１０」の効果が花開く。メルケルは「アジェンダ２０１０」の恩恵を存分に受けた幸運な首相といえるだろう。その後のドイツは、女帝といわれるようになったメルケルとともに目覚ましい発展を遂げる。

首相を務めるうち、ドイツ経済はみるみる好調に

ところが、二〇一七年九月、楽勝と思われていた総選挙が、女帝の手から滑り落ちた。なぜ？

思えばこの十二年間、メルケルはずいぶん変わってしまった。いまのメルケルは、昔のような実直そうな雰囲気はなく、老獪《ろうかい》という言葉がふさわしい。しかも、政権が長くなりすぎたせいか、さまざまな利権が固まってしまい、風通しが悪そうだ。

コールは四期首相を務めたあいだに、闇献金問題に巻き込まれたが、メルケルの首相在任期間も、このままいけばコールのそれと並ぶことになる。いったいメルケルは、これからど

うするのか？　それを考えるために、彼女が首相に就任した二〇〇五年以降の足跡を追ってみたい。

第一期メルケル政権は、CDU／CSUとSPDとの大連立だった。CSUはCDUと同会派のいわば姉妹党で、詳しくいうなら、CSUはバイエルン州だけに存在する。その代わりCDUはバイエルン州にはなく、つまり、二党がセットになって、ドイツ全土を把握しているわけである。ドイツではCDU／CSUと書かれるので、本書でもそれに従う。

さて、第一期メルケル政権では、CDUはライバルであるSPDと得票数も伯仲しており、メルケルの力はまだ盤石ではなかった。さらにドイツはこのころ、東西統一の経済負担からうまく立ち直れておらず、前述のように「欧州の病人」とさえいわれていた。

しかもメルケルの敵は、連立相手のSPDだけではなく、党内にもいた。背後に控えたCDUのベテランの保守政治家たちは、間違いなくメルケルの失脚を望んでいた。メルケルが、それら背後からの力を削《そ》ごうとすれば、まずSPDに対峙し、しっかりと保守の路線を歩む以外にはなかった。

当時のCDUは、ドイツは移民国家ではないと主張していたし、労働者の権利の急激な拡大にも消極的だった。メルケルは、前シュレーダー政権の中国寄り路線、ロシア寄り路線をそのまま踏襲することもなかった。それどころか、前政権が決めた脱原発合意（ある一定の発電量を超えた原発から次第に止めていき、新しい原発も建てないという電力会社と政府のあいだの取り決め）も、隙あらば覆《くつがえ》すつもりでいた。

つまり、政府内では、さまざまな力比べが、水面下で非常にシビアに続いていたのである。ところが二〇〇七年、ある事件が起こる。SPDに反発するかたちでダライ・ラマを首相官邸に招いたメルケルに、中国は猛烈に抗議し、会議のキャンセルが相次ぎ、独中関係が極度に緊張したのだ。

そのためSPDはもとより、これからどんどん中国の市場に進出しようとしていたドイツの産業界からも、メルケルはすさまじい圧力を受けたはずである。

おそらくこのとき、メルケルは中国の恐ろしさと、SPDの力を思い知ったのだろう。怒った中国をなだめるために奔走したのがSPDのフランク・ヴァルター・シュタインマイヤー外相（当時）だった。シュタインマイヤーはシュレーダー首相の懐刀といえる人物だから、中国との仲は良好で、その彼が何度も中国に足を運び、こじれた関係を修復した。いま思えば、すべては中国とSPDの共同作戦であったかもしれない。

これ以後メルケルは、ダライ・ラマの「ダ」の字も口にすることがなくなり、いわゆる親中派になった。最初のうちこそ、首脳会談での笑顔が少々ぎこちなかったが、その後の変わり身は鮮やかだった。いまでは李克強首相と会っているときなど、心から楽しんでいるようなリラックスぶりだ。これをきっかけに、メルケル政権を支える何かが安定したことは確かだった。

ちなみにメルケルが、ウラジーミル・プーチン露大統領との会談で、こうしたくつろいだ表情を見せることは決してない。

独中関係のその後の発展については、次章であらためて言及するが、いずれにしても、このころから、中国外交におけるCDUとSPDの差はほとんどなくなり、両党の政治家は競うように中国詣でを開始した。もちろんメルケルも例外ではない。

二〇〇九年の総選挙で再び第一党となったCDUは、今度はSPDとの大連立を蹴り、FDPとの連立政権を立てた。第二次メルケル政権である。その結果、続く四年間、メルケル政権は何をするにしても、SPDの最大の妨害を受けるという困難に悩まされた。それでもメルケル政権が倒れなかったのは、ちょうどこのころ、ドイツが長い不景気から抜け出せたからだ。経済はみるみるうちに好調になっていった。

その主原因は、先に述べた「アジェンダ2010」だった。シュレーダーを退陣に追い込んだこの労働構造改革が、ここに至ってようやく、その絶大な効果を現しはじめたのである。

「脱原発合意」撤回はメルケルの真意だったのか

翌二〇一〇年、メルケルはシュレーダーの主導した「脱原発合意」をほんとうに覆し、電力会社に歩み寄った。こちらについては、エネルギー政策を語った第4章であらためて述べたい。

さて、メルケル第二期政権のときの連立相手のFDPは、小さいながらも個性的で、中産階級、および中小企業の経営者層に支持者をもつリベラル党だ。CDUと組んだり、SPDと組んだりしつつ、戦後、与党であった時期も長かった。十六年間続いたコール政権のあいだもずっと与党で、CDUとともに東西ドイツの統一を実現させたという実績がある。

企業の自由な経済活動を支持しているのだから、いうまでもなく、政府はなるべく小さいほうがよいと思っている。私的企業の経営方針に政府が口を挟むことは間違いだというのが、彼らの根元的な考えである。だから原発に関しても、それが電力会社の意思ならば、稼働延長は当然のことであった。

しかし、いまになって思えば、FDPはそうでも、この決定がメルケルの真意であったのかは疑わしい。もしかすると産業界の強い圧力に屈し、長いものに巻かれただけだったのではないか。その証拠に、メルケルはその後すぐ、FDPを無視して突然、脱原発に舵《かじ》を切るのである。それについても後述しよう。

いずれにしても、CDUとFDPがスクラムを組んで政治をしているとは、とても思えなかった。第一期政権でSPDのプレッシャーに悩んだメルケルだが、FDPと連立を組んでいた四年間は、FDPの副首相や大臣たちを、どこか小バカにしていたようにさえ見えた。メルケルは思いのままに振る舞い、この連立政権下で徴兵制まで停止した。なぜ停止したか、その意味は、いまでも不明だ。

結局、連立の四年のあいだにメルケルにすっかり気を抜かれてしまったのか、二〇一三年の総選挙でFDPはぼろ負けし、戦後初めて国会での議席を失った（ドイツでは、総選挙による得票率が五パーセントなければ、国会での議席を確保できない）。

一方、このときメルケルは余裕綽々《しゃくしゃく》で、あまりインパクトのある公約もつくらず、「あなた方（国民：筆者註）は、もう私のことを知っているでしょう」と言い放った。たしかに国民は、メルケルの実力をすでに知っていた。二〇一〇年以来、世界的な経済誌『フォーブス』が、毎年、「世界で最も影響力のある女性」とお墨つきを与えてくれる女性である。

就任当初から大きく変遷したCDUの政策

　こうして始まった三期目メルケル政権は、再びCDU／CSUとSPDの大連立政権に立ち戻った。FDPがそのショックから立ち直り、議会に復帰するのは、それから四年後、二〇一七年九月の総選挙でのことである。

　この第三期メルケル政権のとき、のちにEUを揺るがすことになる難民政策が決まった。大連立を組んでいたSPDも、メルケルが推し進めた無制限受け入れ難民政策を積極的に支え、ともに進めた。それを緑の党と左派党が絶賛した。

　じつはこの難民政策については当初から、CDU／CSU内ではもとより、SPDの一部でも懐疑的な意見が多かった。しかしメルケルは、世界中の賞賛を追い風にして突き進んだ。その後遺症はあっという間に現れ、その後、ドイツ国民のあいだに深い亀裂を生むことになる。

　ちなみに緑の党は環境派として知られるが、ルーツは一九六〇～七〇年代に革命をめざした過激な左翼の流れを汲んでいる。一方、左派党は、旧東ドイツの独裁党であったSEDの後継党ともいわれ、マルクス主義の革命家、ローザ・ルクセンブルクやカール・リープクネヒトを信奉している。どちらの党もかなりの左派で、とくに人権にかけては一歩も譲らない。

たとえば現在、ドイツでは、難民が難民審査に通らず、母国に戻らなければならなくなっても、母国が安全でないかぎり、帰国は待ってもらえる。ドイツ政府は、犯罪者やテロリストだけに限って母国送還を実施しようとしているが、緑の党や左派党、人権擁護団体の反対で、それさえ難しい。送還しようとすると、そうした団体が他の難民とともに飛行場に押しかけ、垂れ幕やプラカードを掲げて抗議し、メディアがそれを報道するからである。

基本的にはSPDも左派寄りなので、自ずといまのドイツでは、多くの分野において「自由」や「競争」よりも、「平等」や「人道」がその他の意見を制するようになった。また、ドイツ国民自体も理想には弱く、CDU／CSUもあえてそれには逆らわないため、世論も政策も、どんどん左へ流れていく。そんなわけで、難民問題が沸騰した第三期メルケル政権では、政治の軸の左傾がとりわけ顕著となった。

ただ、ようやく自分たちの意見が通せたSPDや緑の党にしてみれば、この現象により、じつは、別のジレンマを抱えることにもなった。なぜなら本来保守であるはずのCDU／C

ＳＵが自分たちに寄ってくればくるほど、ＳＰＤや緑の党は影が薄くなったからだ。

反対に、人道主義に特化したメルケル人気はどんどん上がった。とりわけ第三期メルケル政権では、元来は企業側の味方であったはずのＣＤＵが、最低賃金法や環境問題、弱者の救済といった、社会主義的、あるいは緑の党的な色の濃い政策を数多く実現した。

つまり、メルケルの政策をたどっていくと、当初の政治と、権力が固まってからの政治のあいだに、大きな変遷があることが見てとれる。権力が万全になってからのメルケルは、以前のように、左右のバランスを見ながら政治を進めていくという慎重さを手放した。自らリスクを背負うような発言はせず、国民受けを重視する風見鶏方式、議論を避け、超法規的に物事を進める手法、自分の後継者をつくらないこと、そして、徴兵制を停止しておきながら軍備を増強していく動きなどが目立ち、しかもそれが一本の糸でつながっているように、私には思えたのだ。

ＣＤＵ内の政治家からも飛び出した政権批判

二〇一七年十二月七日、大手紙『ディ・ヴェルト』に、ＣＤＵの政治家、ルパート・ショルツが寄稿した。ショルツは第三期コール政権では、短期間ながら国防大臣も務めた。CDUのなかではタカ派の政治家だ。論文のタイトルは「同盟（CDU／CSU）の人気は、彼ら自身を損なうのみならず、民主主義をも壊す」。

ショルツによれば、CDUは、元来、社会的市場経済主義をめざす政党である。社会的市場経済というのは、自由競争と個人の責任に基づく市場経済をベースにしつつ、搾取のない平等な社会を実現しようとして、戦後の試行錯誤を経て、考え出されたものだ。そして、それはのちに激しい論争の結果、SPDの合意も得て、ドイツの基本的な方針となった。

これにより、その後のドイツ経済は一貫して成功を収めてきた。自由な経済政策と福祉政策の絶妙なバランス、それは戦後のドイツ人の誇りとなった。

ところがメルケル政権が続くうちに、この社会的市場経済主義が崩れはじめた。「社会保障」や「社会的平等」が人気を博し、「自由」や「個人の責任」という自由市場を支える肝心の言葉が聞かれなくなった。メルケルは保守の立ち位置を離れすぎてしまったと、ショルツはいう。

そのうえ、ここ数年のCDUの政治姿勢は実利主義に偏り、政治的でさえない。非政治的な政府が、大連立で大多数の議席を占めれば、当然、議会政治の否定につながる。本来ならば、議会で討議し、法制化しなければならないことが、メルケルのもとでは、しばしば突発的に、急な行政命令で決められていった。

その例として、ショルツは「徴兵制の停止」を挙げた。

二〇一〇年十二月、ドイツの徴兵制の停止が決定された（実施は二〇一一年七月一日から）。たしかにこれは唐突だった。当時、国民のあいだで、徴兵制の是非をめぐる討論が盛り上がったわけではなかった。それどころか当時の国防大臣（CSU）は、徴兵制を停止する理由として、最初、国防費の縮小を挙げていたが、そのうちにそれは効率のよい国防軍をつくるためと変わった。議会の国防委員会に所属していた野党の議員は、説明不足として与党を非難した。ましてや国民には、たいしたことは伝わってこなかった。

それにもかかわらず、五十五年続いた徴兵制は停止され、そのあと一年もしないあいだに、国防大臣カール・テオドール・ツー・グッテンベルクは博士論文の盗作問題で失脚した。

その後、効率のよい国防軍ができたかというと、そうでもない。ショルツいわく、「ドイツ軍は残念ながら、条件次第では国防もできるという軍隊に成り下がってしまった」。

さらにショルツが挙げたのは、「早急な、しかも、まるで必要のなかった原子力の平和利用からの離脱。その結果としての、いまなお機能しない『エネルギー転換』と、当然の帰結である不安定な電力供給」。

　そして、最も深刻なのが、いうまでもなく二〇一五年の難民受け入れの決定だ。

「いわゆる『人道』の名のもと、違法に国境を開き、あるいは国境を無効にし、何十万人もの難民をドイツに入れた。（中略）基本法第一六条aも、ダブリン協定も、これらの行為を許してはいない。さらにいうなら、民主的な法治国家においては、基本法を超越、あるいは無視して行政命令を出すことを可能にするような『人道』などは存在しない」

「しかしながらドイツの議会では、今日に至るまで、この問題を討議も正当化もしていない。毎年、数百億ユーロという莫大な予算が使われているにもかかわらずである」

　ショルツは、産業界に対する国家による干渉や規制があまりにも多くなったことも指摘している。

　かつてマルクス経済学者たちが主張したのは、大きな政府だった。市場を自由に任せておくと私的な巨大資本がのさばり、貧富の格差が広がる。そこで、国家や政府が積極的に介入できる資本主義が考え出された。もっとも、それがやがて国家による統制経済につながり、さらに大きな矛盾をもたらすという歴史を人類は経験したが、ショルツは、現在のドイツでは国家どころか、ＥＵという超国家までが、市場における自由な経済活動に干渉しはじめたとして、警鐘を鳴らしている。

彼にいわせれば、戦後のドイツは本来、「小さな政府」を旨《むね》としてきた。自治はなるべく小さい単位（州や市町村）で行なう。なのにいま、「ＣＤＵ／ＣＳＵは第二のＳＰＤ」になって国家の権力を拡大し、とくに二〇一三年からの大連立政権では、格差の解消という名目で多くの税金がばら撒《ま》かれた。

だから、国家の干渉から市場の自由を守る党として、「ＦＤＰが強くなったのは偶然ではない」。そしてＡｆＤの躍進が、その傾向をさらに顕著にした。ショルツの言葉はいまのドイツの状況をある程度、的確に説明できているのではないか。

それでもドイツ経済は強く、安定している

ドイツ経済はいま強い。二〇一六年の経常収支では、ドイツは中国を抜いて世界最大の黒字国だ。ＥＵの稼ぎ出した黒字のうちの八割を、なんとドイツ一国が稼いでいる。また、国の歳入と歳出の収支であるプライマリーバランスも、二〇一四年から連続黒字。新しい借金をしなくても過去の借金を返せるという、抜群の安定を見せている。

失業率も五パーセントと低いが、前述のように、労働条件は悪い。ドイツは、東欧の安い労働力を利用しやすい立場にあるため、労働者にとっては条件闘争にも不利だ。自ずと所得の格差は拡大している。「格差の解消」と声高にいいつつ、政策のスピードは、問題の拡大するスピードに追いついていない。外見上の景気のよさとは裏腹に、じつは、ドイツには貧困の問題が根強いのである。

ドイツの輸出のうち、いちばん多いのはEU圏内だが、アメリカと中国への輸出も盛んだ。ユーロのレートは、ユーロ圏の国々の平均値をとるため、ドイツの経済力からしてみればつねに格安で、輸出には有利だ。輸出依存は五〇パーセント近い。

とくに、ここ数年の輸出の伸びは、レートの安さのみならず、EUの隣国の製造業が伸び悩み、競争力を失ってしまったことも大きい。デフレ対策という名目での自国における金融緩和や、財政破綻国に支援と引き換えに強制した金融引き締め政策などが、すべてドイツ経済にとってプラスに作用したのだ。

リスクの少ないドイツの国債は、いまやマイナス金利でも売れる。また、一般のドイツ人は、自分たちがギリシャに莫大な資金援助をしていると考えているが、実際には、ドイツは援助額よりも、国債の利息の節約によって得た利益のほうがずっと大きい。だから、周りの国から憎まれる。

しかし、ヨーロッパを離れれば、ドイツが大好きという国も多いことは先に述べた。なかでもいま、まさに相思相愛といえる関係を築いているのが、次章で述べる中国なのである。

第3章

なぜドイツと中国は仲良しなのか

ドイツと中国との絆が深まった歴史的な理由

一九七〇年代のアメリカと日本の結束を彷彿とさせるように、いま、その存在感を世界に知らしめはじめたドイツと中国。その関係は、見れば見るほど不思議だ。

現在の世界情勢のダイナミズムを理解するためにも、日本人がほとんど意識しない独中関係を知ることは、きわめて重要に思える。ある面では瓜二つ、そしてある面ではまったく相反するこの二国。しかし、その結びつきは、もはや、解きようのないほどに緊密になっている。

ドイツと当時の清との交易が正式に始まったのは、一八六一年、第二次アヘン戦争（アロー戦争）終結の一年後だ。小さな邦国の集合体だったドイツが、ドイツ帝国として統一されたのが、その十年後の一八七一年なので、最初に中国と交渉をもったのは、ドイツ帝国ではなく、プロイセン王国だった。

そのころ、ドイツでは急速な産業革命が進行していた。そして、清との貿易額もどんどん伸びた。

一八八九年、ドイツは中国との交易をさらに拡大するため、徳華《とくか》銀行（ドイツ・アジア銀行）という投資銀行をつくる。現在、中国がイニシアティブをとっているAIIB（アジアインフラ投資銀行）を彷彿とさせる話である。

当時、ドイツが清の海軍に売った船、定遠《ていえん》と鎮遠《ちんえん》は、東洋一の戦艦で、一八九四年に始まった日清戦争に投入された。そのころドイツは中国と、すでにイギリスに次ぐ貿易量を達成していた。

日清戦争では、多くの犠牲を払いながらも勝利した日本だったが、日本に割譲された遼東半島を、その後、フランス、ドイツ、ロシア三国の干渉により、清に返還させられた。大陸での利権を狙う列強にとって、日本の台頭は邪魔だった。

ドイツは、フランスやイギリスやロシアと異なり、中国大陸における帝国主義的な意志が希薄だったといわれる。それは必ずしも正しくないが、ただ、中国がそう感じ、ドイツを信用していたことはほんとうだ。

なぜなら、中国からお茶や陶磁器、絹などを大量に輸入し、それをアヘンの密輸出で精算しようとしたイギリスなどとは違い、ドイツの売り込んだものは、生産手段であり、軍事技術だった。つまり、中国の近代化に資するものを、ドイツは売った。ドイツと中国との絆が固くなったのは、当然の成り行きだった。

こうして、中国の軍備は進んだ。清の軍港だった旅順を要塞化するように指導したのも、ドイツの軍需企業クルップ社だ。そして、これがその後の日露戦争で、日本軍を極度に疲弊させることになる。

その後、一時停滞した独中関係だったが、第一次世界大戦後には急激に復活する。過酷なヴェルサイユ条約で弱体化していたドイツは、内戦下の中国で、国民党の蔣介石《しょうかいせき》政権を支援し、その影響力を拡大していった。以来、ドイツは中国の政治の中枢にどんどん入り込んでいくのである。

一九二七年からは、ドイツは中国に軍事顧問団を送りつづけ、中国軍の近代化に尽力した。ヒトラーが政権を握った一九三三年には、ドイツの陸軍参謀総長であったハンス・フォン・ゼークトが、蔣介石の上級顧問となった。彼は、「日本一国だけを敵とし、他の国とは親善政策をとれ」と蔣介石に進言し、「中国がやるべきことは、中国軍兵に対して、日本への敵《てき》愾心《がいしん》を養うことだ」と提案した（阿羅健一『日中戦争はドイツが仕組んだ』小学館）。これを受けて、中国の秘密警察が対日プロパガンダを立ち上げたのだという。なぜドイツ軍が日本をここまで敵視したのか、その理由が私にはいまだによくわからない。

その一年後の一九三四年、中国に進出しているドイツ企業の組合、ハプロがベルリンに設立され、ハプロと中国のあいだで、物資交換条約が結ばれた。この条約は互いの利益を重んじる対等な条約であり、その事実が、これまで欧米の国々とは不平等条約しか結べなかった中国を感激させた。この条約により、中国はドイツからさまざまな技術協力を受け、その代わり、ドイツは中国からタングステンとアンチモンを得るというバーターシステムが成立した。ヨーロッパで孤立を強めていたドイツにとって、武器の製造に欠かせないタングステンとアンチモンは、きわめて貴重な資源だった。

一九三五年、ゼークトの後任、アレクサンダー・フォン・ファルケンハウゼンが赴任し、引き続き中国軍の育成に尽力した。ファルケンハウゼンは、中国国防基本方針と題する仔細な対日戦略案をつくり、蔣介石に提出した。

そのなかには、漢口と上海の日本租界の奇襲や、対日戦争に踏み切るべき時期、あるいは消耗戦に持ち込んで日本軍を疲弊させる作戦などが含まれていたという。ファルケンハウゼンは、蔣介石の第一の敵は日本で、第二が共産党であるべきだと考えていた。ドイツ人たちの中国への愛情の深さには、計り知れないものがある。

一九三七年には、ドイツの軍事顧問団は一〇〇人を超えた。ドイツは国民党軍にヘルメット、小銃、大砲や戦車、戦闘機まで輸出し、ドイツ留学から戻った中国人技術者の指導のもと、双眼鏡、狙撃銃用照準、小銃、機関銃、迫撃砲、装甲偵察車両、大砲、ガスマスクなどが生産された。国民党軍の軍装がドイツ軍と瓜二つになったのは、当然のことだった。

こうして独中関係は蜜月といわれる域にまで達し、日本軍が日中戦争で相手にしたのは、じつはドイツ軍だったともいわれるほど、ドイツは本気で中国を支援した。そして、この状況は、なんと一九三六年、ドイツが日本と日独防共協定を結んだあとも続いたのだ。

その三年後、ドイツはソ連と独ソ不可侵条約を結んだため、日本政府は激怒した。これにより、日本との防共協定は事実上、消滅した。しかし、その曖昧な状態のまま、日本は翌一九四〇年、日独伊三国同盟を結び、戦争に突入していく。このころ日本ではヒトラーを同盟国の頼もしい首脳と見ていたきらいがあるが、ヒトラーが日本にどこまでシンパシーをもっていたかは疑問だ。

第二次世界大戦の終結後、ファルケンハウゼンはドイツで戦犯として一時的に拘留されたが、そのときに彼の家族を経済的に援助したのは蔣介石だったという。また、ファルケンハウゼンも獄中から蔣介石に抗日戦争勝利三周年を祝福する書簡を送っている。時代はくだってファルケンハウゼンの八十歳の誕生日には、すでに台湾に逃れていた蔣介石から三〇〇〇ドルの小切手が送られた（阿羅健一の前掲書による）。

そしてこの関係は、中国の政治がどうであろうと、現在まで変わらず続いている。もちろん、その絆は、目下の利害の一致によっても支えられているのだろうが、決してそれだけではない。ドイツと中国の、伝統的ともいえる信頼感の存在は、ことのほか大きい。

ハンブルクサミットで存在感を放った習近平

二〇一七年七月七〜八日、ドイツのハンブルクでG20サミットが開かれた。すでにサミットの二日前にベルリン入りしていた習近平とメルケルが、六日、揃って訪れたのはベルリン動物園。両首脳はここで、二頭のパンダのお披露目をしたのであった。

中国はその前月、ドイツとの友好のしるしに二頭のパンダを十五年の期限つきで貸し出していた。それを受け、ベルリン動物園には一〇〇〇万ユーロをかけた中国パビリオンが建設された。

ちなみに、昔のパンダ外交では、中国は無償でパンダを貸し出したが、もちろんいまは違う。今回の年間レンタル料は九二万ユーロ。日本円で軽く一億円を超える。ベルリンでは、ニュースを見た市民が動物園に詰めかけ、そのあと数日、パンダ渋滞まで起きた。

サミットのときはたいていそうだが、ドイツの報道はサミット一色となる。ハンブルクサミットでも、一カ月も前から始まった警備の様子が報道され、首脳たちが到着しはじめると、空港シーンから、移動の場面、会議の風景、二者個別会談の様子などをカメラが逐一追っていった。その際、繰り返し登場したのが中国の習近平国家主席夫妻、フランスのマクロン大統領夫妻、ロシアのプーチン大統領、そしてアメリカのトランプ大統領夫妻。あとは、インドのナレンドラ・モディ首相やサウジアラビアの王様、カナダの若きジャスティン・トルドー首相夫妻もちらほら。ちなみにイギリスのテリーザ・メイ首相は無視されていた。

日本の安倍晋三首相はというと、ときに偶然アングルに入っているだけで、彼に焦点を当てたカットは取り上げられなかった。安倍・トランプ会談も、安倍・習近平会談も、安倍・プーチン会談も、ドイツのゴールデンアワーのテレビニュースには出なかった（サミット前のトランプ大統領のワルシャワでの演説は、全編生中継された）。

それに比べて、中国の習近平主席の存在感はすごかった。習主席は、サミットに参加する途中、モスクワでプーチン大統領と会い、その後、ベルリンでメルケル夫妻からプライベートディナーへの招待を受けたが、ドイツのテレビニュースは、それらを詳しく報道した。いまや中国は、低賃金で安物を大量生産する人口の多い国というイメージを完全に払拭《ふっしょく》し、すでに世界の大国として丁重に扱われている。

ドイツと中国は、似ていないようで似ている

ドイツと日本は、似ているようで似ていないところが多いのだが、ドイツと中国はその反対で、似ていないようで、よく似ている。

ドイツと日本の似ているところは、わりと表面的なことだ。たとえば、時間の正確さ、衛生観念、仕事の真面目さ、チームワークの巧みさ、規則に対する忠実さ（チームワークは規則に忠実でなければ成り立たない）など。また政体も、国民全体の教養も、経済状況も、生活レベルも、法律も、それほど大きくは違わない。また、どちらも製造業の強い国でもある。ところが、考え方や、感じ方というような心の部分となると、けっこう似ていないことが多い。

たとえば、ドイツ人は、規則がある場合は必ず守るが、規則がないところでは、その行動を、思い切り弱肉強食の原理に切り替える。譲り合いという精神はきわめて希薄だ。しかも、

一度言い出したことはとことん主張し、自分の間違いを認めないし、人をグサグサ刺すような激しい討論は、聞くのも、するのも大好きだ。

しかし、それで傷つくことはなく、終わったら笑顔でバイバイといえる頑強な精神構造をもっている。それに比べて日本人は、最初から、できることなら論争だけは避けたいと思っている。

また、ドイツ人は強い理想主義と強い現実主義の両方を心のなかにもち、そこに矛盾が生じたときには、完全に無視できるという神業的な才能がある。ドイツ人が強い語気で"Es ist so!"（だからそうなの！）といえば、それは、それ以上の論争が封じ込められた瞬間だ。けっこう、よく耳にする。日本人はといえば、ドイツ人ほどの理想主義者は少ないし、たとえ理想主義者でも、現実を完全に無視することはない。また、他人に現実との矛盾を指摘されると、けっこう素直にそれを認め、修正を図る。まさか「だからそうなの！」では片づけない。

一方、ドイツと中国はというと、いくら街の景観、容姿、政治形態が異なろうが、深いところで似ているように思う。たとえば両者とも、ひどく遠大な計画を立てることができる。自分が死んだあとに、ようやく達成できるような気の長い計画だ。

しかも、必要とあらば、その最終目標を永遠に心にしまっておける。ぎゅっと口をつぐんだまま、機が熟すのを待ちながら死ぬ。それに比べて日本人は、自分が生きているあいだの長期計画さえ不得手だ。

ドイツ人の長期計画が成功した典型的な例こそが、第1章で述べたホロコーストの汚泥からの復活だろう。それも、ただの復活どころか、七十年がすぎたいま、ドイツは世界でいちばん道徳観に秀でた国になってしまった。もちろん、これは偶然ではない。彼らの緻密な計画が、予定どおり成就した結果なのである。

そして中国は？　私がドイツに渡った三十五年前、ときに見かけた中国人はみな、おそらく超エリートで、その知性とプライドによって強烈な印象を放ちながらも、人民服姿がかわいそうだった。それがいま、中国の首脳は高みにのぼり、各国の首脳、しかも、かつて七つの海を支配した宗主国のエリートたちまでがすり寄っていく。

もちろん、この大栄転も偶然ではない。少なくともここ四十年ほどの長期的な作戦が花開いたと見るべきだろう。しかも、彼らの長期計画は、まだ緒についたばかりのようだから末恐ろしい。

さらに恐るべきドイツ人と中国人の共通項は、短期的な利害にも、ものすごく敏感なことだ。商売にかけては、両者とも、甲乙つけがたいほどのずば抜けた才能がある。

だから、ドイツと中国の関係は、それが親善であろうが、文化交流であろうが、世界の平和と人類の博愛のためであろうが、すべてが必ず商売に生かされるようになっている。とはいえ、国際舞台でそれを披露するときには、両者ともお金儲けのことなどおくびにも出さず、国際平和や、地球の未来など、とてつもない大風呂敷を広げる。その辻褄《つじつま》が合わないことがわかっていても、あとでどうにか合わせればよいと思っているらしいところも、よく似ている。

いずれにしても、両国の指導部には、とびきり優秀で底力のある人たちがいることは間違いない。そして、彼らは、偶然か意図してかはわからないが、わりと同じようなことを考えている。いまこの両国が結束し、すごい勢いで力をつけはじめているのは、私から見れば、不安とはいえ、当然の帰結だ。

中国市場に標的を絞ったドイツ車メーカー

ちょうど二〇〇〇年ごろから、中国とドイツの交易は伸びに伸びはじめた。たとえば、乗用車。

二〇一七年の第3四半期の中国での売り上げは、フォルクスワーゲン、BMW、ダイムラーを合わせて、前年比で九パーセントも増えるという好景気だった。中国への輸出は、二〇〇〇年にはたったの六六万台だったのが、十二年後の二〇一二年には二〇倍の一三二〇万台となり、二〇一六年は二三〇〇万台、二〇一七年は二四九五万台に増えた。

フォルクスワーゲン、BMW、ダイムラーのいずれのメーカーも、乗用車の三台に一台は中国向けだというから、その依存度はすさまじい。それに比べてアメリカ向けの輸出は、二〇一七年は一パーセント減。EU内での輸出は停滞したままで、期待感は一切なしだ。

世界全体の車市場を見ても、三分の一が中国での消費。人口一〇〇〇人当たりの自家用車の台数は、ドイツが五六二台、アメリカが七四二台だが、中国はまだ七五台（二〇一四年の統計）だという。つまり中国には、人跡未踏の消費地が見渡すかぎり広がっているのだ。ドイツ車メーカーが、目の色を変えるのは無理もない。

その大顧客、中国がいま、電気自動車に力を入れはじめた。二〇一六年、世界で販売された電気自動車とプラグイン・ハイブリッド車は計八七万三〇〇〇台だそうだが、そのうち五〇万七〇〇〇台が中国で売れた。政府が補助金を出して強力に奨励している。

中国では大気汚染が深刻になっているため、電気自動車を増やすことは理にかなっているが、中国人にとっての利点はそれだけではない。電気自動車の分野はいわば新天地なので、これまで欧米や日本が長いあいだ培ってきたガソリン車やディーゼル車の技術が、一気に不必要となるという地殻変動が期待できる。

つまり中国車メーカーは、電気自動車の未来に、これまでのエンジン車における技術の遅れを一気に粉砕してしまうダイナミズムを見ているわけだ。同じスタート地点にさえつけば、将来、中国の自動車メーカーのほうが、欧米や日本のメーカーより有力になる可能性は非常に高い。

というわけで、ドイツ車メーカーがそれに負けじと、目の色を変えて電気自動車にシフトしているのは、中国市場への依存度から見れば当然のことだが、よくわからないのは、彼らが地元であるドイツ市場をどう見ているかである。

ドイツでも現在、電気自動車の購入に際してかなりの補助金がつくが、それでも買おうという客はあまりいない。休暇などで長距離を走ることの多いドイツ人は、三〇〇キロメートルで電池切れになる車はほしくないし、そもそも毎日、どこで充電すればよいのかもわからない。電気自動車が将来の交通手段になるだろうことは認めても、まだ買い替えるには時期尚早だというのが、多くの国民の考えだ。値段も高い。

つまり、ドイツの自動車メーカーの狙いは、一に中国、二に中国で、電気自動車にシフトする理由も、ひとえに中国市場のはずだが、それにもかかわらず、彼らはいつの間にか、ドイツ中に一種、独特な空気をつくり上げつつある。

それがどういうものかというと、①中国は大気汚染と戦うために、電気自動車の先進国となるべく必死の努力をしている、②地球に対する責任を感じているドイツ企業も電気自動車の普及に全力を尽くす、③電気自動車の普及は環境のためであるから、ドイツでも国を挙げて推進しなくてはならない、というような論法だ。

こうなると当然、電気自動車は善、ガソリン車、ましてやディーゼル車はよからぬものとなる。国民に向かって消費に関する「モラル」が唱えられているわけだ。

パリ協定離脱のアメリカを批判した共同記者会見

じつは、ドイツと中国が共同でモラルを説きはじめたのは、これが初めてではない。ドイツメディアはトランプ米大統領が大嫌いだが、彼らがトランプの犯した行為で最も悪辣だと見なしているのが、二〇一五年十二月、パリの気候変動会議（ＣＯＰ）で採択された温暖化防止のための枠組み「パリ協定」からの離脱である。パリ協定では、二〇二〇年以降の温暖化対策を決めている。

二〇一七年六月一日、トランプがパリ協定からの離脱を正式に宣言したとき、国営第一テレビ（ＡＲＤ）のニュースは全放送の半分の時間を割いて、ヒステリックなトーンでそれを非難した。国営第二テレビ（ＺＤＦ）はオンラインのニュースページに、「大統領 vs. 惑星」という大それたタイトルの記事を載せた。

そもそも問題となった「パリ協定」とは何か？　この協定は、各国が温暖化防止のために自国の目標を決めて努力するというものだが、じつは拘束力はない。そもそも絶対に守らなければならないなら、一九〇カ国以上が賛成するはずがない。

パリ協定の取り決めには、不備がたくさんある。たとえば、排ガス規制のかなり進んでいる先進国が、さらに厳しい規制を自国に課さなければならない一方で、途上国のCO_2排出が野放しであること。世界でいちばん大気汚染のひどい都市を抱えるインドは将来、火力発電所を現在の二倍に増やせるし、世界第二の経済大国である中国も途上国扱いのため、二〇三〇年まではCO_2を増やしても、違反にはならない。

現に中国の石炭火力発電所は、目下のところ、ほぼ一週間に一基の割合で新設されているという。いくら電気自動車を増やしても、その充電に石炭火力でつくった電気を使っていたら、大気汚染の改善にはつながらない。

それに比べて、先進国では経済成長が限られているうえ、すでに環境対策が進んでいるので、今後、爆発的にCO_2が増えることはない。先進国のうち、CO_2が確実に増えたのは原発をほぼすべて止めている日本で、減らずに横ばいなのは、半分止めたドイツだが、それでも、この二国で排出しているCO_2の合計は、世界全体の六パーセントにも満たないのだ。

かつて世界一のCO_2排出国だったアメリカに至っては、昨今のシェールガスへの移行もあり、現在の排出量は中国の約半分だ。しかもその差は今後、急速に広がっていくだろう。

つまりパリ協定のシナリオでいけば、近い将来、CO_2の排出は急増し、しかも、そのほとんどが途上国から出ることになる。たとえ、みなが協定を守ったとしてもそれは変わらない。

しかしそれがメディアの手にかかると「惑星を破壊するトランプ」「トランプ大統領、パリ協定から離脱を表明　地球温暖化対策に大きな転機」「人間の理性に対するアモク（躁状態で他人に無差別的に危害を加える突発性の精神障害：筆者註）」など、印象はがらりと変わる。

ただ、アメリカのパリ協定離脱でほんとうに影響の出ることもある。お金の流れだ。パリ協定は「先進国が途上国に毎年一〇〇〇億ドルを拠出する」ということを決めている。COPとは、じつは、途上国がこの拠出金を奪い合う場所でもある（これまで約束どおり支払われたためしがないともいわれているが……）。

いずれにしても、アメリカが抜ければ拠出金が減る。そもそも、このお金がなければ途上国は協定に加わるメリットもないし、じつは先進国側も困る。なぜなら、途上国が環境対策のテクノロジーを導入し、太陽光パネルを普及させ、その他にもさまざまな環境良品を買い、あるいはダムや発電所をつくれば、それを売る先進国の企業に拠出金が還元される仕組みとなっているからだ。アメリカの離脱を、みなが本気で怒っているとしたら、このせいだろう。

さて、このトランプ叩きの真っ最中、突如として登場してきたのが中国だ。トランプがパリ協定からの離脱を宣言したその日のベルリンでは、メルケルと李克強の共同記者会見が行なわれた。

李克強首相いわく「我々は国際的な責任を担う」「中独関係の安定は世界平和へのシグナル」。一方、メルケル首相は、「私たちは（神の：筆者註）創造物を守るためにパリ協定を必要とする。（中略）この惑星の未来を大切だと思う人全員に私はいいたい。みなで一緒に歩もう。母なる大地を成功とともに守るために」。

各新聞社やテレビ局のオンラインサイトも、それをすぐにニュースにした。

「ＥＵと中国、パリ協定離脱の米を批判 温暖化対策での協力を確認」

「ＥＵと中国、気候変動対策で共同歩調」

「中国、ＥＵ、温暖化対策主導」

などなど。この「ＥＵ」という言葉は、もちろん「ドイツ」に置き換えられる。ドイツはつねにＥＵの衣の陰に隠れたがる傾向があるが、この日の共同会見はどう見ても、独中間の強固なスクラムの顕示にほかならなかった。のちほど説明する褐炭《かったん》を燃やしてCO_2を増やしているドイツと、ＰＭ２・５（微小粒子状物質）を飛ばしている中国が、地球の救世主になっていたのである。それは両国の大風呂敷が二乗になったような華々しさだった。

頻繁に互いの国を行き来する独中の政治家たち

というわけで、現在、独中の政治家の往来は頻繁だ。二〇一一年には二国間政府サミットの協定を結んだので、それ以来、毎年定期的に首脳や閣僚会談のほか、さまざまな事務レベルでの直接交渉が行なわれている。

少し前の話だが、二〇一四年、ベルリンで習近平主席を主賓に据えた晩餐会が催された。現役の政治家は招かれず、著名な文化人や経済人が集まっていた。そのとき習近平は、三十分ほどのスピーチで、中国がこれから大国として、安全保障をも含めた世界政治に積極的に関与していくことを高らかに宣言した。

その際、終始一貫して、中国が太古よりいかに平和を愛する国であったかということを、これでもかというほど強調した。それを受けて翌日、ドイツの各紙は、中国の大国意識、および新しい外交政策の始まりを相次いで報道した。

習近平が帰国したと思ったら、二週間ほどして、今度はシュタインマイヤー外相（当時）が中国を訪問した。第一日目の訪問地は、河北省の省都、石家荘《せっかそう》市。北京から三〇〇キロメートル、高速鉄道で二時間。超高層ビルの建ち並ぶ中級の都市で、中国のなかでも大気汚染がいちばんひどい。その数カ月前、石家荘市の男性が、「汚染を防ぐ管理責任を怠った」として、同市環境保護局を訴えていたほどだ。

私は薄暗いスモッグのなか、みながマスクをしている北京の写真ばかり見ていたので、大気汚染は北京が最もひどいのかと思っていたが、それは間違いだった。北京のスモッグは、石家荘市などから流れてきた汚染物質によって助長されているという。

高速鉄道から降り立ったシュタインマイヤーを、河北省の共産党委員会書記長が出迎え、「一年でいちばんよい季節においでになりましたね」と歓迎の言葉を述べたというが、街はスモッグで霞《かす》んでよく見えなかった。その後、会談場所の迎賓館では、カーテンは閉められたままだったそうだ（『フランクフルター・アルゲマイネ』紙）。

なぜ、シュタインマイヤーがここを訪れたのかというと、彼の選挙区であるブランデンブルク州と河北省がパートナーシップを結んでいるということもあるが、目的はやはり商売だ。石家荘市には、鉄鋼、セメント、ガラス他、CO_2を多く排出する重工業が集中しているが、このたび習近平の鶴の一声で、環境改善に取り組むことが決まった。二〇二〇年までに、河北省のセメントの生産量は六〇〇〇万トン減、石炭は四〇パーセント減、ガラスは三〇〇〇万トン減とし、同時に同市を環境汚染の元凶である老朽化した工業地帯から、近代的で環境に優しいハイテク工業地帯に変えていくというのが、遠大な目標である。合言葉は〝緑の躍進〟。

とはいっても、あまりの汚染でどこから手をつければよいかわからない。そこでシュタインマイヤーが、「それではドイツの技術で手をお貸ししましょう」という筋立てになったという。

シュタインマイヤー訪中から一週間も空けずして、今度はエネルギー・経済大臣（当時）であるジグマール・ガブリエルが北京に飛んだ。目的地は〝北京モーターショー〟。いうまでもなく、ドイツ車メーカーにとっては、上海モーターショーと並んで最も重要な見本市である。ドイツは、右手で車を売り、左手で環境改善グッズを売っているのだ。

当時のドイツのニュースには、中国金融の危うさや資本の海外流出といった情報も、あまり流れなかった。ドイツ人は、中国人がドイツで、不動産からブランド品、あるいは粉ミルクまで、あらゆるものを〝爆買い〟していることを肌で感じることはあっても、ニュースがそれらを取り上げることはほとんどなかった。

突然、中国批判に転じたドイツメディアの真意

ところが、この蜜月の友好関係が、突然ひっくり返る。盤石であったように見えた独中関係が、危うい雰囲気になった。最初の兆候が現れたのは、二〇一五年九月三日、抗日戦勝七

十周年の記念式典が報道されたときのことだった。

それは巧みなやり方だった。国営第一テレビと第二テレビが両方とも、申し合わせたように、天安門での大規模な軍事パレードを見せながら、そこに習近平国家主席の平和演説の訳を重ねた。すると、その言葉と軍事パレードの映像のミスマッチが、視聴者の脳にそこはかとなく、不信感を芽生えさせることになった。

案の定、そのあとは続々と、中国の経済停滞、汚職、シャドーバンク、環境破壊などが報道されはじめた。批判的な報道は、北京の大気汚染で頂点に達した。同じころ、インドのデリーも同様か、もっとひどい大気汚染に悩まされていたが、その報道はほとんどなかった。

二〇一六年の取引初日の一月四日、開始と同時に上海株が暴落した。新設されたばかりの安全装置である「サーキットブレーカー制度」が発動され、取引は十五分で停止となった。それが七日にも繰り返され、中国政府が懸命に介入したものの、たいした効果は現れなかった。

このときのドイツの報道は、もう容赦なかった。ゴールデンアワーのニュースが大きく取り上げ、新聞も、中国では株の売買が「国民スポーツ」と化していたとか、手軽に大儲けできる方法として「タクシーの運転手から銀行員まで」が投機に熱中していたとか、すでに

「夏の時点で相場が、一年前に比べて一五〇パーセントも跳ね上がっていた」などと書いた。そして、DAX（ドイツ株価指数）にまでその混乱が広がっている、と危機感を煽るような報道が続いた。

ドイツ経済は日本のように内需が大きくなく、輸出に多くを頼っている。日本の輸出依存率はGDPの一五パーセントにすぎないが、ドイツは五割近い。しかも中国依存が強く、中国が、フランス、アメリカ、イギリスに次いで四番目の輸出相手国だ（日本の対中輸出はGDP比で三パーセントにも達していない）。

中国がくしゃみをすると風邪どころか、重病になるのがドイツなのだ。つまり、ドイツメディアがチャイナショック後、いっせいに中国経済の実態を書きはじめたのは、これ以上、綺麗ごとを書いてはいられないという危機感の表れだったかもしれない。

それと同時に、少しずつ独中関係もおかしくなっていった。その年の六月十二日、メルケルが南京の中国科学院大学の名誉博士号を授かった。授与式は北京で行なわれ、赤と黒のマントを着たメルケルが、同じくマント姿の学長（？）と並んだツーショットが、ドイツのニュースで派手に流れた。

博士号授与の理由は、メルケルの「決然とした意思と英知による世界平和への貢献」と、彼女が実践してきた「実務的な中国外交」を讃《たた》えるものであったという。

ただ、このときの訪中は、メルケルにとって、それまでのうちでいちばん難しいものだったといわれる。というのも、ＥＵ議会がその前月、中国をまだ市場経済国とは認められないという採択をしたことで、独中関係までもが、いつになく緊張状態にあったからだ。

中国は二〇〇一年、ＷＴＯ（世界貿易機関）に加盟した。ＷＴＯは貿易を促すことを目的とし、それに関するさまざまな国際ルールを決めている機関だ。中国が加盟した当時、ＥＵでは十五年後（つまり二〇一六年）には中国を正式に「市場経済国」の仲間に入れるという指針が決められた。十五年あれば、中国市場も欧米諸国と同じルールを共有できるようになるだろうという、希望的観測がもとになっていた。

ところがその十五年が経っても、中国は欧米とは同じにならなかった。政府が強大な力をもち、産業界や金融を操っていたし、普通選挙がないのだから、三権分立ですらなかった。しかし、ＥＵにとっての真の問題は、中国を市場経済国として認めてしまうと、ダンピングをされたときに制裁がかけにくくなることだった。

それに対し、中国は怒り、ＥＵを激しく非難した。そして六月、メルケルが北京で博士号を受けた翌日、李克強はメルケルとの共同記者会見で、ＥＵが十五年前の約束を果たすよう、ドイツがEUに働きかけよ、と強く迫ったのだった。

「約束は約束だから、守らなければならない」と繰り返す李克強の姿は強烈だった。普通、歓迎の意を込めた共同記者会見の場で、相手を横に立たせたまま、このような話し方はしない。共同記者会見の全容は、ドイツ政府のホームページに掲載されている。

李克強はその発言の最後に、「簡潔に申し上げるなら、中国とドイツはこれまでどおり、誠実に付き合うことになるでしょう。互いに歩み寄り、さらに合意を広めていくことになります。そのうえで、注意深く、適当なやり方で、争点を取り除かなければなりません。といっても争点はごくわずかしかないのです。いまある戦略的なパートナーシップは、つねに新しいレベルに達することができるはずです。どうもありがとう」とスピーチを終えた。

ドイツがこういう事態に陥ってしまったのには、理由がある。その二年前、中国の太陽光パネルのダンピングでEUが困り果て、関税制裁をかけたとき、中国に頼まれて、その制裁を骨抜きにすることに尽力したのがドイツだった。だから中国は、今度もドイツにその役目を果たしてもらおうと、プレッシャーをかけてきたわけだ。

李克強はホームグラウンドの強みもあるのか、かなり強引な主張を展開した。しかし、メルケルもそのあたりは弁《わきま》えていて、一字一句を慎重に選びながらも、そのプレッシャーをのらりくらりとかわした。

十五年前に結ばれたEUと中国の約束については、「とてもはっきり覚えており、それを白紙に戻すつもりはありません」が、「ドイツはEUのなかの一国なので、これについてはEU委員会が交渉と対話を行ないます」と返答した。そして、中国を褒めたり、人権問題を少し突っついたりしながら、あまり中身はないが立派な文章を紡いだ。

この後、記者の質問があったが、これが傑作だった。初っ端《しょぱな》から、李克強がメルケル首相に向けられた質問をとってしまったのだ。それもそのはず、質問内容は、「中国企業はドイツのハイテク企業を買収できるが、中国市場は閉鎖的でそのようなことは許されていないのをどう思うか」とか「南シナ海で起こっている事態を見て、ドイツでは、中国は間違った方向に進んでいるという声があるが、それをどう思うか」などという、中国にとって不都合なものだったからだ。

李克強は奪った質問に長々と答え、最後に、質問した記者に向かって「メルケルさんに代わって私がお答えしました。でも、誤解しないでください。私はメルケルさんのためにしたのです」といい、次にメルケルに向かって「メルケルさん、私のことを誤解なさることはありませんね。悪く思わないでください。どうもありがとう」といった。

メルケルはそれに対して、「もちろん悪く思ったりはしませんが、でも、私も発言する自由をいただくことにして……」とまたあまり中身のない、揚げ足をとられない、立派なことを喋った。

しかしその後、ある記者が二つの質問をしたときには、ちょっとした押し問答になった。一問目はメルケル首相にといっているにもかかわらず、李克強が「それは私が両方まとめてお答えします」と割り込んだのだ。

それにはさすがのメルケルも引っ込まず、「いいえ、私が答えます。第一問目は」といいかけたところで、またもや李克強が割って入った。「じゃあ、あなたは一問目をお答えくださ い」。するとメルケルいわく、「両方とも私への質問だと思いますよ！」。そして一瞬、「でも、もし、二問目が中国の首相へのものなら……」と戸惑ったすえ、突然、「もう、どっちでもいいわ。私はいいたいことをいいます！」と居直って話しはじめたので、さすがの李克強も黙ってしまった。

おそらくその場にいたら、けっこうスリルに満ちた記者会見だったと思われるが、中国の政治家が、記者会見で他人への質問をとってしまうのは、よくあることだそうだ。そういう意味では、〝とられたものはとり返す〟ドイツ人に、日本人が学ぶところは多いかもしれない。

ドイツの危惧が決定的になったＫＵＫＡ社の買収

いずれにしても、そのころから、中国市場がいかに閉鎖的であるかというようなニュースも、よく流れるようになった。そして産業ロボットの先進技術をもつＫＵＫＡ社の買収が浮上したとき、ドイツ人の危惧は決定的になった。ＫＵＫＡの技術は軍事産業でも使われていたため、ドイツ政府も公に異議を唱えはじめたのだ。

ＫＵＫＡは、メルケルと李克強が北京でやんわりとバトルを演じていたその月、中国のMidea社（美的集団）の買収提案を受け入れると発表した。そして八月、Midea社がＫＵＫＡの株式の九四・五五パーセントを四七億ドルで買収した。結局、ドイツ政府も介入をあきらめた。

しかし、独中の小競《こぜ》り合いは収まらなかった。この年の十一月一日、ガブリエル経済・エネルギー相（当時）は、いつもどおり財界の大物を引き連れて五日の滞在予定で北京に飛んだが、独中関係の緊張は、このとき頂点に達した。

経済会議の初日、両国の国旗の立てられた会場で、合わせて一〇〇人近い政治家と財界人が勢揃いして、ガブリエルと高虎城《こうこじょう》商務部部長の現れるのを、いまかいまかと待っていた。
ところが、二人はとうとう現れず、会議は主役抜きで行なわれた。

昼食における会談が長引いたためというのが、二人が来なかった公式の理由だったが、じつは高虎城が会議出席を拒絶し、仕方なくガブリエルも出席を見合わせたというのが真相らしかった。前代未聞の異常事態だ。

ガブリエルはその後、予定どおり李首相とは会ったが、李克強はニコリともせずに手を差し出して、〝怒り〟を演出。中国の政治家は役者である。中国が何に対して怒っていたかというと、ドイツ政府が、中国のドイツでの投資を妨害していることに対してであったという。具体的にいえば、中国のFujian Grand Chip社がドイツのハイテク企業、アイクストロン（Aixtron）社を買収しようとしたところ、ドイツ政府がギリギリになって「待った」をかけたのだ。

このドイツ政府の介入の裏には、バラク・オバマ前米大統領が慌てて発令した大統領令があった。このオバマの要請に応じ、ドイツの管轄の機関が、すでに発行していた認可を急いで取り消し、審査のやり直しを命じたのである。

売却されかけたアイクストロン社は、半導体の生産設備（有機金属化合物半導体用MO-

ＣＶＤ装置）を手がけるハイテク企業だ。一九八三年以来、この生産設備を世界中に三〇〇〇以上も輸出しているという。

一方、そのアイクストロン社を買収しようとしていたFujian Grand Chip社の後ろには、中国国有の投資ファンドがついている。アメリカは、アイクストロン社が同社に買収された場合、半導体技術が中国へ流出し、核技術、ミサイル、人工衛星などが軍事産業に流用されることを懸念していたという。

なぜアメリカの大統領が、中国企業によるドイツ企業の買収に口を挟めるのかというと、アイクストロン社の支社が、たまたまアメリカのシリコンバレーにもあるからだ。じつは、中国のほんとうのターゲットは、この支社の開発部門だったといわれている。

赤字空港を買収した中国企業は幽霊会社だった！

このニュースはドイツでも大きく報道されたが、ちょうどこのころ、もう一つ、世間を賑わせていた奇妙なニュースがあった。ドイツの赤字空港を買収しようとした中国の会社が、じつは幽霊会社だったというスキャンダルだ。

フランクフルト国際空港から一二〇キロメートルほど離れたところに、フランクフルト・ハーン空港がある。昔の米軍の空軍基地で、戦闘機の発着の多さに、ドイツ国の航空母艦とまでいわれた。しかし、冷戦が終わり、米軍が去った。

空港の所有者は、一九九五年よりラインラント-プファルツ州（八二・五パーセント）とヘッセン州（一三・五パーセント）だが、経営はずっと赤字だった。アイルランドの格安航空会社ライアンエアーや、航空貨物を扱う会社が細々と利用していたものの、空港の赤字はどんどん深刻になった。

そこで、しかたなくラインラント-プファルツ州が税金を注《つ》ぎ込んだら、州民の抗議が起こり、さらにまずいことに関係者の汚職まで明るみに出た。同州が、こんなお荷物は早く売り払ってしまいたいと思ったのは、当然の成り行きだった。空港売却のニュースが流れたのが二〇一六年六月。買い主は、中国のSYT社（Shanghai Yiqian Trading）だった。

ニュースには、SYT社の全権代表のChouが、ラインラント-プファルツ州の内務大臣と大喜びで握手をしている写真が載った。空港の値段は一三〇〇万ユーロ。SYTは上海の会社だという。

Chouによれば、同社は中国でも有数のホールディングカンパニーで、多くの子会社をもつ。資金を提供するのは、傘下のゼネコンGuo Quig社。こちらは二〇万人の従業員を抱える建設会社で、アジア全体にプロジェクトを展開している。資本金七二〇〇万ユーロ、本社はやはり上海。

Chouは、見た目は四十歳ぐらいの大男で、本職は医者だそうだ。フランクフルト・ハーン空港を、中国人旅行者のメッカにするとか、独中貿易に特化した空港として大開発をするとか、勇ましい話が飛び交った。これが実現すれば雇用も増え、地域の活性化に役立つだろう、と地元は浮き足立った。

ただChouは、「空港運営の経験はあるのか」と聞かれると、「私はパイロットの免許をもっており、以前、フランクフルト・ハーン空港に、最初の輸送機を操縦して着陸したのは自分だ」と、少々ピント外れなことをいった。しかし、ラインラント－プファルツ州によると、SYT社、およびGuo Quig社の信用度は、世界的なコンサルティング会社であるKPMGが太鼓判を押しており、心配はないということだった。

ところがまもなく、どうもおかしいという話が出てきた。第一回目の支払いがなされなかったのだ。そこで調べると、SYT社などという会社を、中国では誰も知らないという事実が判明した。中国の商工会議所さえ知らない！

六月二十二日には、南西ドイツ放送（SWR）の上海特派員が、SYT社の本社であるはずの場所を直撃した。しかし、ビルには会社の名前さえなく、ようやくたどり着いたのは一七階の小さな部屋で、積み上げられた段ボール箱のあいだに五人の従業員が座っていた。しかし、じつは彼らもSYT社の従業員ではなかった。

SYT社はペーパーカンパニーに違いない。ドイツメディアは部屋に積み上げられた段ボール箱にちなんで、同社をペーパーよろしく「段ボールカンパニー」と揶揄《やゆ》した。

こうなると、もちろん出資者といわれるGuo Quig社も直撃せねばならない。しかし、行ってみると、こちらはさらにいかがわしく、二〇万人の従業員を擁するというゼネコンのはずが、粗末な雑居ビルには七二〇〇万ユーロの資本金をもつ企業の面影はなかった。それどころか、お隣のタイヤ会社に尋ねたところ、「お宅も詐欺にあったの？」という答えが返ってきたという。

これらが報道された途端、当然、ラインラント－プファルツ州では大騒ぎになった。州の内相は、議会での承認に向かって進めていた準備に、慌ててストップをかけた。

しかし、Chouは一向に悪びれず、「中国政府が外国送金の許可を出すのが遅れているだけ。許可はもうすぐ出るので、もしも、そんなにご心配なら、あとの支払い分も前倒しで払いましょう」といった。

州首相は、六月末の時点では、あくまでもKPMGの調査を信用していると表明していた。ところが七月四日、KPMGは、SYT社に支払い能力があるなどという調査結果は出していないことがわかった。州政府の立場は崩れた。

SYT社もGuo Quig社も、ダミー会社であることは間違いない。ドイツの政治家が、医者兼パイロット（?）であるChouの大言壮語を本気で信じていたとも思えない。それどころかいまでは、二〇万人の従業員を抱え、アジア全土でプロジェクトを展開しているはずの大企業Guo Quig社は、じつは前年の十一月に初めて登記された会社だということもわかっている。

では、州のトップたちが、なぜそれでも大丈夫と言い張ったのか？　ダミー会社の後ろには、いったい誰がいるのか？

七月五日、遅ればせながらも、州の内務次官が調査のために大慌てで上海に飛んだ。SYT社の社長Wang、および中国政府の役人と会い、事情を聞くためだ。SYT社の事務所には、ドアに貼り紙がされ、「用事のある人はここへ電話してください」とWang社長の携帯電話の電話番号が書いてあったそうだ。

そこで電話してみると、Wangは自分の会社についての情報を提供するつもりはないといった。「ラインラントープファルツ州との契約が正式に結ばれ、動かぬものとなったなら、そのときには自社についての情報を開示する」と主張したというから、世界の常識とは順序が逆だった。

七月六日になって、数日前は「心配していない」といっていた州首相が意見を一八〇度転換し、今回の取引に対して重大な懸念を表明した。ChouやWangといったビジネスパーソンたちは、たんなるペテン師だったのか？

じつは、中国の投資家がドイツの空港に狙いを定めたのは、これが初めてではない。二年前の二〇一四年には、倒産したリューベック空港を中国人投資家が買っている。このときの大風呂敷は、「同空港を、中国からドイツへ医療ツアーで飛ぶ人たちの一大拠点とする」というものだった。しかし翌年、空港は再び倒産した。ふだん疑り深いドイツ人が、なぜ中国に対してはこんなに無防備なのか、それがわからない。

七月七日、結局、SYT社とラインラントープファルツ州との取引が白紙に戻された。

そしてときはすぎ、一年後の八月九日。同州が、すべての株の持分を売却したというニュースが流れた。買い手はやはり中国のコンツェルン。値段は一五一〇万ユーロだった。

中国の資本の力はものすごい。とくにドイツへの進出はめざましく、二〇一六年に入ってからは、一週間に一社のペースで、各種企業の買収が進んでいるという。一月から十月までの十カ月間だけで、ドイツ企業の中国による買収総額が一二〇億ドルを超えた。

ドイツにはもともと、中規模でありながらハイテクをもつ企業が多い。そうした優秀な中堅企業が、これまで技術大国ドイツを下からしっかり支えてきたが、昨今のグローバリズムの波のなかで、生き残ることが難しくなってしまった。そこに、テクノロジーを必要とする中国企業が殺到している。

ＥＵでは買収に関する規制が緩い。ちなみにアイクストロン社についていた買収価格は六億七六〇〇万ユーロ。売却が叶わなかったため、その後、同社はとても困っているという。

中国の「一帯一路」はドイツまでつながっている

こうして一時はかなり緊張した独中間だったが、二〇一七年になって、関係は一気に好転した。

大きな理由の一つは、アメリカとロシアだ。メルケルは、トランプ政権の誕生の翌日、ある記者会見で次のように語った。

「ドイツとアメリカは価値観によって結ばれています。それは、民主主義、自由、法の尊重、また、出自や肌の色、宗教、性別、性的指向、政治的信条に左右されない人間としての尊厳という価値観です。このベースのうえで、ドイツは、アメリカの未来の大統領、ドナルド・トランプ氏と密接な協力関係をもつことを申し出ます」。つまり、〝あなたがこれらの民主主義の原則を守るなら付き合います〟という意味だ。次期アメリカ大統領となる人物への祝辞としては常軌を逸している。ちなみに、ガブリエル副首相のコメントはさらに辛辣で、トランプは「新しい独裁主義と国粋主義の同盟に先鞭をつける人」で、「我々にとっての警告」だそうだ。

さらにメルケルは、トランプを保護貿易主義に突き進むエゴイストだとして、これからドイツ人は、自分たちの運命は自分たちで担っていくと宣言した。つまり、アメリカへの依存を減らした新しい外交方針、および安全保障が模索されるわけで、そこに新しいパートナーとして中国が浮上した。

一方、ドイツとロシアとの関係も現在は微妙だ。アメリカの圧力で、ドイツもロシアへの経済制裁に加わってはいるが、本音では、ロシアへは経済制裁よりも輸出をしたい。結局、ドイツにとっていちばん好ましいのは、中国とともにユーラシア大陸に一大経済圏をつくり、ロシアも引き入れ、ここを強力なウィン-ウィンエリアにすることではないか。どう転んでも、中国との良好な関係は、ドイツにとって最重要事項の一つであるように見える。

とはいえもちろん、両国にはさまざまな摩擦も依然として残っている。輸入障壁にしても、海賊版の問題にしても、ハイテクの流出にしても、中国は改善するといいつつ、実際は、ほぼ改悪に近い強引なこともしている。しかし、ドイツはそれらをすべて承知のうえで、再び中国と息を合わせはじめた。

両国とも、つねに商売第一で行動する国なので、たとえいますぐ利害が一〇〇パーセント一致しなくても、共同で市場におけるパイを少しでも増やし、当面の障害はあえて無視するか、長い目で見ながら少しずつ解決していけばよいと思っている気がする。この友好関係に翳《かげ》りが出るとすれば、それはウィン-ウィン関係がなんらかの深刻な理由で完璧に破綻したときだろう。

中国とドイツは、袂《たもと》を分かつには、すでにお互いに依存しすぎている。しかも、中国の「一帯一路」政策は、着実に進んでいる。アジア、ヨーロッパ、アフリカの六四カ国がこのプロジェクトに参加しており、ドイツのメディアの論調も、「ＡＩＩＢが一〇〇〇億ドルを用意しているので、投資のお金は十分にある」と舞い上がっている。

中国とドイツのあいだは、すでにトランス―ユーラシア―エクスプレス鉄道でつながっていて、重慶や義烏《ぎう》、鄭州を出発した貨物列車が、ライプツィヒ、ドゥイスブルク、ハンブルク港などに続々と到着する。二〇二〇年には、これを三路線に拡張し、コンテナ貨物の輸送を大々的に強化する計画だという。

船便の半分以下の日数で、しかも運賃は航空便よりずっと安いため、鉄道網はまだまだ広がる予定だ。『ディ・ヴェルト』紙の見出しは、「ドイツ―中国間の鉄道は成功物語」と希望に溢れている。

いずれにしても、ドイツと中国の結束は固い。ときにドイツは中国を「経済国家主義」などと批判するが、これはある意味で、少々批判しても深刻な影響が出ないほど、両国の関係が安定してきたということかもしれない。

中国マネーと中国市場の威力はつとに大きく、ドイツ人は抗《あらが》えないし、いまのところ抗うつもりもない。

独中関係は、互いに発展できる相手と見るうちは、これからも蜜月状態が続くだろう。一帯一路からアフリカ、インドまで含めて、両国の展望は、明るい未来につながっている。もちろんほんとうにそうなるかどうかは、まだ誰にもわからないが、そんなことは気にしないのが、この両国の強さの所以《ゆえん》である。

ドイツと中国の関係は、どこか狐と狸の壮大な化かし合いに似ている。

第4章
矛盾に満ちたエネルギー・難民政策

EUの名士となり、経済も絶好調。大国である中国との関係も良好。リトアニアに軍隊を駐留させ、軍備を拡張し、武器の輸出もアメリカとロシアに次いで、世界第三位。一方では、難民と一緒にスマートフォンのカメラに収まる人道の指導者、メルケル。まさに、ドイツは順風満帆《まんぱん》に思えた。

しかしその裏で、少しずつドイツの歯車は狂っていった。そこでは、これまでに見てきたドイツの理想主義が、悪い意味で反作用している。

電気自動車の補助金制度はどう考えても不平等

二〇一五年九月、フォルクスワーゲン社が、自社のディーゼル車に違法ソフトを搭載していたことが明るみに出た事件は、まだ記憶に新しい。このソフトがどういうものだったかというと、これを積んだ車は、自分が普通に道路を走行しているか、それとも、静止状態でエンジンだけ全開にして検査を受けているかを識別することができた。

そのおかげで、同社のディーゼル車は、検査を受けているときだけ有害物質の排出を抑えるという離れ業を演じ、それをフォルクスワーゲン社は「クリーン・ディーゼル」と銘打って、世界中で大量に販売した。

さて、このスキャンダルが明るみに出たあと、フォルクスワーゲン社はアメリカでは逃げ切ることができず、全顧客に多大な賠償金を支払った（八万台のうち二万台を買い戻し、残りには技術的対策を講じた）。そればかりか、休暇でフロリダを訪れたフォルクスワーゲンのマネージャーがそのまま拘束、逮捕され、裁判の結果、二〇一七年十一月に、懲役七年と四〇万ドルの罰金という厳しい判決がくだされた。ちなみに判決が出た直後、フォルクスワーゲン社が彼を解雇すると発表したのには、いささか驚いた。

しかし彼らは、アメリカでは多額の賠償金を支払ったが、ドイツの顧客に対しては、希望者のみ、違法ソフトのプログラムの修正を施すらしい。だから、顧客は車を整備会社にもっていく手間隙《ひま》に加えて、中古車市場でのフォルクスワーゲン製ディーゼル車の値崩れなど、いまに至るまで大迷惑を被っている。

ディーゼル車はCO_2をあまり出さないから、排気ガスから有害な硫黄化合物さえ除去できれば、本来は、CO_2削減のためには非常に有効だ。だからこそ、車の値段は少々高くても、いままで多くのドイツ人が環境のためによかれと思ってディーゼル車を買った。そして、その「ご褒美」として、ディーゼル燃料の値段はガソリンよりも、ずっと安く抑えられていた。

そういう政治の配慮もあり、ドイツでは乗用車におけるディーゼルの普及率は高く、フォルクスワーゲンが販売しているうちの半分強がディーゼル車だった。子会社アウディに至っては、その比率は高級車部門では三分の二にも上る。

そこで二〇一七年初頭、フォルクスワーゲンＣＥＯ（最高経営責任者）のマティアス・ミュラーは、これら顧客の利害を守るべく、まだこの先二十年はディーゼル車のテクノロジーを継続して改善していくことを宣言し、彼らを安心させた。

ところが九月、ミュラーはその舌の根も乾かぬうちに、ディーゼル燃料についている補助金をやめるべきだと言い出した。燃料の値段が上がれば、ディーゼル車をもつ人にとっての経済的メリットはなくなってしまう。

ミュラーがそのとき同時に発表したのが、同社が二〇三〇年までに電気自動車に二〇〇億ユーロを投資するという計画だった。二〇二五年までに電気自動車のニューモデルを八〇種類売り出す。そのうち五〇モデルは純粋な電気自動車で、あとの三〇モデルがプラグイン・ハイブリッド車。早い話、国の補助金はディーゼルではなく、これからは電気自動車の開発に回してくれということかもしれない。

ダイムラーも負けじと、似たような計画を発表した。こちらは、二〇二二年までに、発売しているすべてのモデルに電気自動車ヴァージョンを加えるという。また、ＢＭＷは、二〇二五年までに電気自動車を一二モデル、プラグイン・ハイブリッド車を一三モデルに増強する計画だとか。

ドイツの自動車メーカーがいっせいに電気自動車にシフトしはじめた真の理由は、第３章で述べたように中国で政府の指導により、電気自動車の需要が急激に増えているからだ。バーバラ・ヘンドリクス環境・自然保護・建設・原子炉安全相（ＳＰＤ）は、「電気自動車の普及は、ドイツもＥＵも遅れている。だから、割り当て制が必要」といいはじめた。企業に、強制的に電気自動車を生産させるということだ。

これは簡単にいえば、政治の力によって特定の製品を一定数、強制的に市場に押し込むことを意味する。自由主義経済のあり方からは完全に外れるし、自動車会社との何らかの取引のようにも見える。

大気汚染が深刻な中国は、電気自動車に期待をかけている。目標は、二〇二五年までに登録車の五分の一を電気自動車か、プラグイン・ハイブリッド車にするというものだ。中国内で生産する外国の自動車メーカーに、技術開示を促す法律も整備しはじめた。すでにルノーや日産自動車、あるいは、フォードやゼネラル・モーターズが、現地での電気自動車の開発を進めている。もちろんドイツのメーカーも、つんのめっている。

しかし、電気自動車の買い主が受ける補助金制度は、あとで説明する再エネ電気の買い取り制度と、まるで同じ構図だ。

つまり、補助金を受けるのは、補助金がついてもまだ高い電気自動車を買えるだけのお金のある人、あるいは太陽光発電に投資する資金と、それを設置する自宅や土地をもっている人であり、一方、その補助金の財源は、国民全員が税金、および電気代で賄うわけだ。これが平等な制度であるとは、私にはとうてい思えない。

再エネ生産者は「プロデュース&フォゲット」

将来、ガソリン車が消えていくのは時代の趨勢だし、これから蓄電などあらゆるテクノロジーも進化して、電気自動車の利便性は向上していくだろうから、電気自動車の推進は、長い目で見れば有意義だ。しかし電気自動車の普及に熱心な中国にしても、環境のために電気自動車に移行すべきだと謳っているドイツにしても、大きなネックを抱えている。電気をどこから調達するかということだ。だから、その答えが出ていない当面はまだ、電気自動車を急速に増やすには無理がある。

とくにドイツは二〇二二年の脱原発をめざして原発を減らしつつあり、その穴埋めのために火力発電が増えて、そうでなくてもCO_2値が減らない。一方の中国も、現在すごい勢いで原発を建設中だが、それだけでは足りず、火力も太陽光も増やしている。ただ、中国の経済はまだまだ膨張するから、電気はなおも足りない。そのうえに何百万台もの電気自動車などが乗っかっては、電気の供給が破綻してしまう。

ドイツでは、福島第一原発の事故のあと、二〇二二年までにすべての原発を止め、減った発電分を再エネで賄うという目標を立てた。これについては、あとでもう少し詳しく触れるが、この急激な脱原発政策を、ほとんど一存で決めたのがメルケルだ。ドイツではこれを「エネルギー転換」と名づけ、脱原発のほか、省エネ、再エネの推進などとともに、体系的に進めようとしている。

「エネルギー転換」政策のもとでは、再エネは優遇されており、発電した電気全量を固定価格で買い取ってもらえる（最近はこの制度は修正されはじめたが、すでに契約済みのものが二十年保証で継続中）。だから天気のよい日や、需要の少ない日は電気がだぶつき、しかも再エネは優先的に市場に入れることが義務づけられているため、火力発電所はそのたびに出力を落とさなければならなくなる。

つまり電力会社は計画的に発電ができず、軒並み、経営状態が悪化した。発電できない電力会社など、羽のない鳥のようなものだ。

しかし、儲からないからといって、撤退もできない。天気が悪くて再エネが足りなくなると、ただちに稼働しなくてはならないからだ。ただ、こんなことをしていても、採算は悪くなるばかりで、仕方なく、少しでも赤字を減らすために、発電するときは安い燃料を使う。それは何かというと、ドイツの国内でふんだんにとれる褐炭である。褐炭は質が悪いため、燃やすとCO_2をたくさん排出する。そこで、「なぜそんなものを燃やすのか⁉」と電力会社は激しく責められているのである。

大手の電力会社の株主総会になると、環境保護団体のデモ隊が会場を取り囲む。ときに活動家が会場に紛れ込むこともあり、二〇一六年のRWE社の総会では、CEOのスピーチが始まった途端、「お前たちの時代は終わった」というシュプレヒコールが響きわたり、舞台に駆け上る活動家が出た。

SPに取り押さえられて舞台に横たわったのは、黒のミニのワンピースを着た女性の過激派だった。

ドイツには、大手の電力会社が四社ある。RWE社はその一つで、百年以上の歴史をもつ老舗だ。本社は、かつてのドイツの大動脈であったルール工業地帯の炭鉱都市エッセン市にある。この地域は豊富な炭田をもち、重工業が隆盛し、戦前も、戦後もドイツ産業を牽引した栄《は》えある場所だった。

ところがいま、RWE社の株価は下落する一方で、二〇一六年の配当金はゼロ（優先株の配当のみが〇・一一ユーロ、日本円で一四円）。株価は二〇〇七年の八二・五一ユーロを境に、二〇一一年四月には四六・三六ユーロ、二〇一五年が二三・六一ユーロと、劇的に下がりつづけている。二〇一六年の株主総会の日の相場は、一二・四七ユーロ。配当ゼロは、六十年来初めてのことだったという。

ドイツ最大の電力会社E.ONも、本社はやはりエッセン。同社が世界に誇る最新鋭のガス火力発電所は、南ドイツのバイエルン州にあるイルシング発電所の四号機、五号機で、それぞれ二〇一一、二〇一〇年に完成した。

ところが、どちらもほとんど動かせない。たとえば五号機は、二〇一一年には年間四千時間稼働していたが、二〇一四年はわずか百九十一時間。太陽光発電が増えて、電気の値段を押し下げているため、高い天然ガスを燃やしても採算がとれない。

E.ON社はすでに二〇一二年にイルシング五号機の停止を申請しているが、いずれ原発を止めたら必要になるだろうということで、撤退は許されない。二〇一三年からは、両機ともに待機状態だ。

そこで待機費として一億ユーロを要求したところ、メディアが、「再エネと石炭火力の電気のほうが安いため、この発電所はほとんど稼働していない」のに「業績では追い抜かれても、存続は保証される」と皮肉った。

しかし、この非難は妥当だろうか。再エネが安いのは、先に述べたとおり、全量買い取り制度で利益が保証されているからにすぎない。そして、まさにそのせいで需要と供給のバランスが壊れ、価格も崩れた。しかし、もし自由市場において自力で売るならば、再エネ業者はこの値段で他の電源と競争しつつ、儲けが出せるのかどうかは疑問だ。

しかも、再エネ電気は電圧や周波数が不安定なため、火力に調節してもらわなければならず、手がかかる。つまり、そのままでは買い手がつくかどうかさえわからない。いま再エネの生産者は、採算も、売却先も心配せずに天気次第で発電できるので、「プロデュース&フォゲット」といわれている。

「脱原発合意」を二度ひっくり返したメルケル

現在のドイツのエネルギー政策では、再エネ産業は儲かるが、環境と国民経済には大いなる負担が掛かっている。要するに、一国のエネルギー政策としては失格だ。それをいまのところ、政府とメディアが、あたかもすべてがうまくいっているように宣伝しつづけているが、いってみれば裕福な国だからこそ、こんな無茶も続けていられる。スペインなどでは同じ状況に陥り、政策は破綻した。

ドイツのエネルギー政策の混乱の発端は、メルケルの「脱原発」政策に行き着く。メルケルは福島原発事故のあと、地震も津波もないドイツで、そのままいけばまだ四十年ほど安全に稼働するはずだった原発を、二〇二二年までにすべて止めると宣言した。

ドイツの反原発の歴史は長い。一九七〇年代、ドイツの学生運動は、反戦、反核、ウーマンリブ、フリーセックスなどで盛り上がっていた。ベトナム戦争も終盤に差し掛かり、世界的に学生運動が活発化していた時期だ。彼らは環境問題にも手を広げ、反原発を掲げた。というのも、このころ、日本と同じくドイツでも、新しい原発がどんどん建設されつつあったからだ。

原発の必要性が認識されたのは、オイルショックのせいだった。一九七三年秋に起こった原油の高騰は、石油資源のないドイツの産業界を窮地に陥れた。その年のクリスマス前には、四度にわたって日曜日に車の運転が禁止されたというから、国民がいかに大きなショックを受けたかは、想像に余りある。

それ以後、ドイツの電力業界では、石油依存を極力少なくすることが国是となった。そして原発増設が計画され、同時に反原発運動にも弾みがついた。一九七九年には、当時の首都ボンで、一〇万人の反原発デモが起こった。緑の党が結成されたのもこの年だ。日本では、同年、戦後初めて経済成長がマイナスとなり、ドイツでも「奇跡の経済成長」に終止符が打たれた。

さてその後、一九八〇年代に入って学生運動は下火になったが、環境問題と反原発は消えなかった。いったん学生の手を離れたそれらの運動は、次第に多くの市民を巻き込んで、着実なうねりとなっていった。環境問題や反原発は、お腹が空いているあいだは一般国民の関心事とはなりえないが、国民が豊かになってきたドイツでは、いわば「機が熟した」のである。

反原発運動が再び燃え上がった大きなきっかけは、一九八六年のチェルノブイリの事故だ。

現在のウクライナから風に乗って飛んできた放射性物質が南ドイツの牧草地に降り、その草を食《は》んだ牛の乳から放射性物質が発見され、ドイツ中の母親がパニックに陥った。脱原発は、このとき以来、ドイツ国民の祈願となった。

一九八九年、ベルリンの壁が崩壊した。そして、翌九〇年、東西ドイツが統一される。九四年から環境・自然保護・原子炉安全大臣を務めたのは、コール首相（当時）に見出されたシンデレラ、メルケルだった。だから、彼女は九七年の京都議定書の採択には直接かかわっている。第四期コール政権のときのことだ。

一九九八年には、総選挙でコールが敗退した。ＳＰＤと緑の党の連立政権が立ち、十六年も続いたコール政権で硬直化していたドイツに新風が吹き込んだ。そして二〇〇〇年、以前より脱原発を主導してきたこの両党は、「脱原発合意」を進めた。

これは、稼働中の原発はある一定の量の発電を終えたら停止し、新しい原発はもうつくらないという、政府と電力大手とのあいだの合意だ。これによって、ドイツは脱原発に向かって、ゆるりとした一歩を踏み出した。

ところが二〇〇五年、ＳＰＤが自分たちで仕掛けた議会解散のあと、切り上げ選挙で敗北を喫し、政権がメルケルの手に渡ると、先に書いたとおり、二〇一〇年の暮れ、メルケルは

「脱原発合意」を覆した。なのに、その三カ月後に福島で原発事故が起きると、それを再びひっくり返したのだ。これについては、少し詳しく書きたい。

原発の是非を決める有識者に専門家はいなかった

じつは、二〇一〇年の暮れにメルケルがこの「脱原発合意」を覆したとき、SPDや緑の党も怒ったが、反原発四十年の筋金入りの国民も怒った。そして、その怒り方は、メルケルの想像をはるかに超えるほど激しかった。そこで「これはまずい」と気づいたメルケルが、どうしようかと考えあぐねていたとき、福島の事故が起こったのである。

メルケルは急いだ。三月二十七日には、バーデン-ヴュルテンベルク州の州選挙が控えていた。CDUにとって最重要な州の一つだ。なのに福島の原発事故のあと、緑の党が異常な早さで伸びはじめていた。戦後、ずっとCDUの安定地盤であった同州を、このままでは失うかもしれない。残された時間はほとんどなかった。

そこで三月十四日、超法規的措置により、全国一七基の原発のうち、旧式の七基が安全点検のために三カ月のあいだ停止されることになった（すでに点検のために止まっていた原発が一基あったので、八基が停止）。事態はめまぐるしかった。

ただメルケルの努力も空しく、その一週間後の選挙では、ＣＤＵの五十年来の牙城であったバーデン－ヴュルテンベルク州は、緑の党の手に落ちた（第一党はＣＤＵだったが、第二党の緑の党と第三党のＳＰＤが連立で政権を樹立）。ドイツで緑の党が州首相を擁したのは、あとにも先にもこれが初めてである。ＣＤＵにとってはそれだけでも衝撃だったが、しかし州選挙は、この年も翌年も目白押しだった。早急に手を打たねば大変なことになる、とメルケルは感じたはずだ。

そこで出てきたのが「脱原発」だった。そのために、そそくさと倫理委員会が招集された。倫理委員会というのはいわゆる有識者からなり、政府が厄介な問題にぶつかったときに、それを討議し、最終的に誰もが納得するような意見を具申する。

ところがこのときの倫理委員会には、原発の存続の是非について決めるのに、原子力の専門家も、科学者もろくに入ってはいなかった。メルケルは、主に聖職者や社会学者に、ドイツのエネルギーの将来を任せたのである。会を仕切ったのは、かつてのドイツの環境・自然保護・建設・原子炉安全大臣で、その後は国連環境計画（ＵＮＥＰ）の事務局長だったクラウス・テプファー。つまり科学者ではなく、わざわざ環境保護の大御所を引っ張ってきたのだ。

委員会は審議の結果、「二〇二二年までに脱原発は可能」とのお墨つきを与えた。それを受けて五月三十日、新しい脱原発法案は閣議決定を見た。

これによりメルケルは状況をもとに戻したのではなく、脱原発をもっと性急なかたちに切り替えようとした。つまり二〇二二年までに、全機を止めるとしたのである。なぜか？

理由は簡単だ。もとに戻すだけなら、メルケルは前年の自分の決定が間違いであったと認めることになる。それを避けるには、以前にも増して積極的に脱原発を推進する必要があった。メルケルは、その理由として福島を出した。「福島がすべてを変えた」といったのである。おそらくメルケルは、国民の原発に対する不安を追い風にできると思っていたに違いない。そして事実、彼女はこの急進的な政策により、ドイツ国民だけでなく、世界の自然保護グループの喝采を浴びたのだった。

いずれにしても、福島の事故のあとたったの二カ月半、ものすごい勢いでの方向転換だった。あとは議会の採決だけだが、野党であるSPDや緑の党が四十年来唱えていたのが脱原発政策なのだから、法案成立には何の問題もなかった。

そして六月三十日、予定どおり、連邦議会で脱原発が可決された。賛成五一三票対反対七九票、棄権八票。

エネルギーは産業国を支える基盤であるから、本来なら環境政策である前に、経済政策のはずだ。このジグザグはありえない。しかし、ありえないことが起こった。

ただ、このときの議会での投票の様子は、こういってはなんだが、外国人である私が見ても、どこか感動的な光景だった。四十年来の懸案が、いかなるかたちであれ、ようやく終結した。誰の胸にも、過去のさまざまな感慨がこみ上げていたのだと思う。

国民の反応も同じだった。みなが脱原発の決定を誇りに思っていた。ドイツ人は議員であろうが、庶民であろうが、自分たちが理想に向かっているという確信をもてるときがいちばん幸せなのだ。そして、その歩みが他者に先駆けていて、しかも到達が困難で、少々経済的な痛みも伴うならば、感動はいや増した。

このときの状況がまさにそれだった。たとえ世界で孤立しようとも「脱原発」という正しい未来に向かって突き進む自分たちの姿に、ドイツ国民は恍惚《こうこつ》となっていた。

このまま行けば消費者の電気代は天井知らずに

ただ、SPDと緑の党は脱原発のお祭りのなかにありながら、この新展開にうまくついていけず、内心戸惑っていた様子も見えた。「ついこのあいだまで〝誤ったこと〟を唱えていたCDUが、突然、エコの旗を振ったからといって、なぜ自分たちがついていく側に回らねばならないのか」。

実際問題として、SPDと緑の党はこれで十八番《おはこ》を失い、以後、CDUに対する対抗策を立て直すのは難しくなった。そして次第にCDUの陰に隠れ、求心力を失っていくのである。

一方、メルケルの豹変に腹を立てたのは、もちろん電力会社だった。ただし、その言い分はしょせん「貪欲な資本家」の遠吠えであり、国民の耳には届かなかった。じつは数年経って、このときの電力会社の訴えが裁判所で認められ、ドイツ政府は誤った行政決定を断行したということで莫大な罰金を科せられることになる。そこで使われるのは税金のはずなのに、しかしそのときすでに、それは国民の興味を引く話ではなかった。

そしていま、ドイツのエネルギー政策は、矛盾と混沌の渦のなかに埋もれている。再エネ発電が奨励されたため、太陽光と風力の発電施設が爆発的に増えた。設置済み施設の発電容量を合計すると、再エネだけでピーク時の電気需要の一・二倍にも及ぶ。再エネ施設は稼働率が低いので、発電量はそれよりずっと少ないが、とはいえ二〇一六年には、全体の発電量の三割を超えた。

とくに北ドイツでは風力発電がさかんだ。陸上も多いが、洋上風力発電も、買い取り値段を高止まりにしてあるので投資が進みつつある。北ドイツには産業が少ないため、いまでさえ電気が余っているのに、これからそれらが完成していけば、発電量はさらに増え、もちろん買い取りコストも急騰する。この経費はすべて国民の電気代に乗る。

一方、南ドイツは産業がさかんなのに、二〇一六年、一七年と、すでに原発が二基止まり、電気が不足気味だ。この不均衡は前々から予想されていたことで、だからこそ、ドイツを南北に縦断する三本の大容量の送電線の建設が、初めから計画に入っていた。北の電気を南に運べなくては、「エネルギー転換」も「脱原発」も、絵に描いた餅に等しい。

ところが地元の住民や自然保護団体の反対で、それが進まず、いまだにルートの決まらない場所もあり、建設許可申請も完了していない。政府は、二〇二二年までの完成はすでに断念し、二〇二五年に延期したが、私は、これも無理ではないかと思っている。

だからいま、北で調子よく風が吹くと、余った電気の行き場がなくなる。送電線に電気が入りすぎると、系統に負担がかかり、故障を引き起こし、最悪の場合、停電になるため、そういう深刻な状態が起こらないよう、送電会社はありとあらゆる防止策を打つ。

たとえば、チェコやポーランドの送電線を経由させてもらって電気を南ドイツに送るとか、あるいは、余剰電気をそのまま安価で隣国に売ったり、ときには、ただでもらってもらったりする。しかし隣国も送電線がいっぱいのときは受け取らないので、そうなると風力発電施設に賠償金を払って、発電自体を止めてもらうこともある。

一方、南ドイツでは、電気が足りなくなると、急遽《きゅうきょ》、予備の火力発電所を立ち上げなくてはならない。それが、雲のかかり具合、風の吹き具合で、けっこう頻繁に起こる。予備火力はドイツ国内だけでは足りず、オーストリアにもある。年中、待機してもらっているわけだから、そこに払っている保証金もバカにならない。

しかし、ドイツのようなハイテクの産業国で停電を起こすわけには絶対にいかない。だからこそ、電力会社も送電会社も苦労しているのだが、安定供給のためのプロセスは再エネの増加によってどんどん複雑になり、その経費も膨れ上がっていく。

TenneT社（二〇〇三年にオランダが買収）は、ドイツの国土面積の四割の送電網を傘下に置いている大手送電会社の一つだが、二〇一八年一月一日に同社が発表したところによれば、二〇一七年、送電線の安全、および電力の安定供給を保つための緊急の介入に必要だったコストが、ほぼ一〇億ユーロに達したそうだ。前年は六・六億ユーロだった。ちなみにこのコストも、すべて消費者の電気代に乗る。再エネ賦課金の一家庭の平均は、すでに年間で三万円を超えている。

南北を結ぶ大送電線が完成しないまま、原発が止められていけば、介入の度合いはさらに増え、消費者の電気代は天井知らずになる。壮大な理想を胸に始まったドイツのエネルギー政策は、これほど矛盾が多い。膨大な費用が費やされているわりには、電力の安定にも、環境問題の向上にもつながっていない。

二〇一七年の大晦日に停止した原発、グンドレミンゲンB機の総出力は一三四万キロワットだ。原発は再エネで代替できると主張する人もいるが、風車は互いに干渉しないためには最低一〇〇メートルは離す必要があるので、同原発を風力で代替するには、ケルン市と同じ面積が必要になるという。今後、さらに原発を止めていけば電力事情が逼迫《ひっぱく》し、電力の供給は不安定になり、しかも電気代は上がる。

しかし、このエネルギー政策の責任者であるメルケル首相は、「EUの電力統合の促進」といって、ドイツのエネルギー事情がよい方向に進んでいるかのような顔をしている。「EUの電力統合」というのは、ドイツでいずれ足りなくなる電気を他国からもってきたり、天気がよすぎて余った電気を他国に流したりするための送電線強化以外の何ものでもない。他の政治家も真実を知っているが、何もいわない。メディアも、地震も津波もない国での脱原発を煽った前科があるので、いまさら意見の方向転換はできない。

フランスでは二〇一七年四月、科学アカデミーが、「フランスは原発のシェアを減らしながら、発電部門からの温室効果ガスの排出を削減することはできない」とはっきり述べた。

しかしドイツでは、そういう意見が報道されることはなく、唯一、脱原発の見直しを唱えているAfDは、他の政治家とメディアから極右で危険な政党というレッテルを貼られている。だから国民は、AfDは「環境を無視したとんでもない人たち」という印象しかもっていない。ドイツ人はひょっとすると、原発はCO_2を出さないということも知らないかもしれない。

ヨーロッパの歴史を変える「難民ようこそ政策」

二〇一五年のドイツの「難民ようこそ政策」は、メルケルの理想主義的な政策のなかの最たるものだったといっても過言ではない。メルケルはこの政策も超法規的措置で断行したが、いまになってこれはドイツだけではなく、ヨーロッパの歴史を変えてしまうほどのインパクトがあったということが、明らかになりはじめている。

歴史には稀にではあるが、切り替えポイントのような地点がある。そこを通りすぎてしまったら、後戻りして方向を修正することができないという場所だ。それが、ドイツにとって、いや、ヨーロッパにとっては、二〇一五年九月だったのではないか。

二〇一五年八月、なぜハンガリーにあれほど多くの難民が漂流していたのか。メルケル首相は、なぜその難民を無制限にドイツに入国させたのか。EUの規則はどうなっているのか。難民は、EUのなかでの自由な往来が許されているのか。ドイツの国民は、あとどれだけ難民を受け入れるつもりなのか……。日本では、当時、何もわからないまま、〝ドイツは偉い！〟の大合唱が起こっていた。

EUではシェンゲン協定によって、人間の自由な往来が保障されている。「ヒト、カネ、モノ、サービスの自由な往来」というのがEUの肝だ。ただし、EUに加盟すれば、自動的にシェンゲン協定に入れるというものでもない。

EUの加盟国でもシェンゲン協定には入っていない国はあり（イギリス、ポーランド、チェコ、ルーマニアなど）、反対に、EU加盟国ではないがシェンゲン協定に入っている国もある（スイス、ノルウェーなど）。

また、難民にはシェンゲン協定は適用されない。EUにおいて難民問題を規定しているのは、ダブリン協定である。

一九九〇年代に定められたこの協定によれば、難民は最初に足をつけたEU国で庇護申請をしなければならないことになっており、その国が難民の登録、資格審査など、初期対応をする。

初期対応には、衣食住の世話はもちろん、医療や教育なども含まれ、要するに庇護国は、難民に対して人権に見合った最小限の生活を保障する義務があるわけだ。

ダブリン協定の定めるもう一つのポイントは、申請がEU内でしかできないこと。つまり難民として認められるためには、どうにかして、まずEUに入らなければならない。空路、たとえばドイツに飛び、空港の入国審査のところで難民申請することも理論上は可能だが、実際にそんなことができる難民は多くない。

そのためほとんどの人が、きわめて悪条件、あるいは、高リスクな方法で密入国を試みる。そして、それらいずれのルートでも、つねに密入国幇助を仕切る国際犯罪組織が暗躍し、暴利を貪っている。

密入国ルートは、現在、危険な地中海ルートと、陸路のバルカン半島ルートにほぼ集約されている。地中海ルートのほうは、内乱や飢餓を逃れてやってくる経済難民が主だが、二〇一〇年のチュニジアの革命以来、政治亡命者と称する難民も急激に増えた。

たしかにエリトリアやソマリアなど、弾圧がひどかったり、国家が崩壊してしまったりという国もある。そのうえ、いわゆる「イスラム国」や「ボコ・ハラム」といったイスラム過激派に蹂躙《じゅうりん》されている人々もいた。それらの国からの難民は、政治亡命が認められる可能性が高い。

いずれにしても、EUの難民は増えつづけた。一時、難民を救助しすぎるからどんどん来るのだという意見が勝ち、問題海域のパトロールを減らす方向に向かったこともあったが、難民は一向に減らず、遭難者が増えただけだった。そこで、いくら何でもヨーロッパの海である地中海で人間が溺れ死ぬのを看過するわけにはいかないと、再び救助に力を入れはじめたら、それが呼び水となり、チャレンジする難民の数がさらに増えた。

イタリア最南端のランペドゥーザ島は、シチリアよりもチュニジアにずっと近い。スペインのカナリア諸島も同じで、モロッコの目と鼻の先だ。とくにランペドゥーザ島では、流れ着く難民があまりにも多く、対応しきれなくなった。そのうち、無政府状態となったリビアからは、大きな貨物船の廃船などで、冬でも難民が地中海に漂うようになった。一日に一〇〇〇人近くが救助されるケースも一度ならずあった。

ただ、ドイツの難民問題に決定的な影響を与えたのは、地中海経由ではなく、バルカン半島経由の難民だ。シリア情勢の悪化とともに、その数は急激に増えていた。

シリアやアフガニスタンから逃げてきた難民は、まずトルコをめざした。トルコの海岸から西を眺めれば、すぐ目の前にギリシャの島々が見える。それは、時化《しけ》でないかぎり、ゴムボートで十分たどり着ける距離だ。当然、多くの難民が五月雨《さみだれ》式にギリシャに流れ込み、そこから機会を見て、フェリーでギリシャ本土に渡った。

本来ならダブリン協定に則って、その難民を登録し、庇護する義務があるギリシャだが、経済状態が悪く、それどころの話ではない。初期対応どころか、難民に提供する水や食料にもこと欠き、仕方がないので、多くを登録せずに通過させてしまった。難民も、ギリシャにとどまりたいわけではないので、これ幸いとギリシャを素通りして、バルカン半島沿いに北進したわけだ。

最初のうち、難民の道はギリシャからマケドニア、セルビアを経由し、ハンガリーへと続いた。交通手段は、車、あるいはバスと、経済状態に応じてさまざま。しかしほとんどの人が、道程のすべて、あるいはどこか一部で犯罪組織に頼ったことは想像に難くない。いまやこの「人間密輸」は、麻薬や人身売買（売春）よりもずっと儲かるビッグビジネスとなっているという。

ただ、いくらサポートがあるとはいえ、道のりは長い。交通手段が尽きれば、最後は徒歩だ。つまり、目的地までたどり着ける難民というのは、地中海ルートであれ、バルカンルートであれ、経済力と体力に恵まれた人たちであることは間違いなかった。お金も何もなく、ほんとうに困っている子連れの難民などは、トルコはもちろん、ヨルダンやレバノンにたどり着くことさえ、至難の技だった。

多くの難民の目的地は、いうまでもなくドイツだ。まず、ドイツでは基本法第一六条ａに「政治的に迫害されている者は、庇護権を享有する」と明記されているため、その旨を強調すれば、難民資格を得られる確率が高いということがある。

また、ＥＵのなかでは経済状態がよいので、職を得られる可能性も高い（と少なくとも難民は思っている）。そのうえドイツのお国柄として、ダブリン協定の規定になるべく忠実であろうとするので、待遇が他の国よりもよい。人道的な扱いを期待できる。

たしかにドイツにいる難民は自由に出歩けるし、教育も医療も受けられ、お小遣いも出る。難民審査に落とされたことが不服なら、再審査も請求できる。いずれにしても、ドイツに到達しようというモチベーションを上げる要素は多かった。

鶴の一声で反故にされたシェンゲン協定

二〇一五年に話を戻そう。このとき、ドイツをめざす多くの難民がハンガリーまでたどり着いていた。ここまで来れば、あとはオーストリア、そしてドイツと目標は近い。

ただ、難民はここで足止めをくらった。ハンガリーはEU国なので、ダブリン協定の縛りがあり、入ってきた難民をそのまま通過させるわけにはいかなかったからだ。ハンガリーの当局には、登録し、庇護し、難民資格を審査する義務があった。

そうするあいだにも難民はどんどん増え、恐れをなしたハンガリーは、一八〇キロメートルにわたるセルビアとの国境に、突貫工事で高さ四メートルの鉄条網の柵をつくりはじめた。しかし、効き目はなかった。難民はそんな障害物などものともせず、地面に水が染み込むように、どんな小さな隙間でも見つけて入ってきた。

一方、入ってきた難民はハンガリーにとどまる気はなく、一刻も早くドイツへ行きたかった。ハンガリーで登録されてしまうと、ハンガリー当局の行なう難民審査で落とされて、追い返される可能性が高い。そうなると、念願のドイツに入るチャンスが永久に失われてしま

ハンガリー・セルビア国境につくられた鉄条網の柵（写真提供：EPA＝時事）

う。EU内での庇護申請は一度かぎりというのが、ダブリン協定の定めだった。

そこで難民は警察の網の目をかい潜り、ドイツ行きの列車のチケットを手に、ブダペスト駅周辺で野宿を始めた。しかしハンガリー当局にしてみれば、難民列車をドイツに向けて出発させるわけにはいかない。結局、そうやってみなが困っているうちに、難民の数はさらに膨れ上がり、その惨状は収拾がつかなくなってしまった。それが八月のことだ。

そして九月五日、ドイツは例外措置として、ハンガリーにいる難民を受け入れると発表した。同日未明に、メルケルが、ハンガリーとドイツのあいだに位置するオーストリアのヴェルナー・ファイマン首相（当時）と電話で話し合って決めたという。通り道となる国の了解を得たわけだ。

つまり、このメルケルの鶴の一声で、結果的にダブリン協定があっさり反故《ほご》になった。すると、それを知った他の国々が、ドイツに入った難民が拡散することを恐れて次々と国境を閉じはじめたので、もちろん、シェンゲン協定もその効力を失った。

シェンゲン協定には、特別の理由のある場合、国境検査をしてもよいという例外措置が認められているが、このとき実施された例外措置は、それから二年以上経った現在も、そのまま続いている。ちなみにいまではドイツも、要所となる国境では検査を行なっている。

さて、中東やアフリカ諸国では、当然のことながら、メルケルの決定は「ドイツが難民を歓迎！」と解釈された。密入国で儲けていた犯罪組織が、ドイツに行けば仕事があり、一律二〇〇〇ユーロがもらえるなどというデマを飛ばし、ドイツフィーバーをさらに助長した。

こうして、中東難民の流れはみるみるうちに怒濤《どとう》のようになった。そのうえ、通り道となったバルカン半島の貧しい国の若者たちが、「我も」「我も」と便乗し、難民を装ってドイツに向かいはじめた。こうして続々と到着する彼らを、善良な市民が"Welcome to Germany"と、両手を広げて歓迎した。

この年、ドイツに入った難民の数は一一〇万人といわれた（のちに下方修正されて八九万人となった)。ただ問題は、少なくともこの最初の混乱した三カ月間、ドイツでは、どこの国の誰が、何人、入国したかを把握できなかったことだ。

最初に難民が到着したバイエルン州では、ボランティアをフルに動員したものの、それでも人手は足りなかった。言葉の通じない人たちが毎日何千人と詰めかけたのだ。最低限の衣食住の世話と、各自治体への振り分けに精一杯で、全員に対して正確な身元確認の手続きをとることなど不可能だった。指紋を取り込む器械も、絶望的なほど不足していた。当然、そのとき入国した何人が未登録で、その人たちがどこにいるのかは、いまもわからない。

一方、当時、難民に混じってテロリストが入り込む危険性を警告した人たちもいた。しかしその意見は、反難民＝人種差別という理由で封じ込められた。「難民を十把一絡げにテロリスト扱いするのは人道にもとる」という声が上がり、多くの国民がそれに賛同した。しかしそのあとすぐ、ヨーロッパのあちこちでテロが起こりはじめるのである。

テロの容疑者は難民登録されたドイツ兵だった！

諸手《もろて》を挙げて受け入れた難民たちがあちこちで犯罪を起こしはじめると、人々の熱はストンと冷めた。そのボルテージの下がり方は、一九八九年に東西ベルリンの壁が落ちたときの熱狂と、その後、まもなくやってきた興醒めに、なんと似ていたことか。

二〇一五年の大晦日には、ケルンの中央駅前広場のニューイヤーイヴのパーティーで、難民の集団婦女暴行が起こった。被害届は一〇〇〇件を超えた。これで風向きが一気に変わった。

このころのドイツでは、大量の難民たちは、難民として正式に認められるかどうかの審査の結果を待ちながら、全国の受け入れ先に散らばっていた。どの自治体でも、安い部屋を難民の宿舎用に借り上げたため、とくに都市部では、貧しい人たちや学生の借りられる部屋が足りなくなっていた。

比較的、住宅に空きのあるのは過疎の自治体で、あちこちの小さな田舎の町に、ドイツ語を解さない若い男性が大量に住み、職もなく、暇を持て余しているという現象が起きていた。つまり、ケルンでこの集団婦女暴行事件が起こった時期は、年端もいかない娘をもつ全国の親たちが、夜、娘の帰宅を待ちながら、それまでしたことのない心配をしはじめていた時期と、奇しくも重なったわけである。

数千人の難民が暴れたケルンの事件から約一年後、難民として入っていたチュニジア人が、トラックでベルリンのクリスマスマーケットに突っ込んだ。このテロで一二人が亡くなると、ドイツ人の戸惑いは頂点に達した。そのころ各地でも、難民由来の婦女暴行や窃盗、暴力沙汰が、急激に増えていた。

ドイツ人は、空恐ろしい気分にとらわれはじめた。自分たちはかわいそうな難民を救いたかっただけなのに、何をしてしまったのかと。そして、その疑問はまさに、メルケルは何をしたのかという疑問につながっていった。

二〇一七年四月には、信じられないことが起こった。ドイツ当局の捜査でテロ計画が明るみに出た。容疑者を捕まえてみたら、なんとそれは正真正銘のドイツ国防軍の兵士で、アラビア語ができないにもかかわらず、シリア難民として登録されていた。しかも、難民収容所と兵舎で、まさに「ジキル博士とハイド氏」まがいの二重生活を送っていたという、まことに奇妙な事件である。

極右の思想をもっていたその兵士は、テロで故意に証拠を残し、それを難民の仕業に見せかけるつもりだったといわれた（二〇一七年十一月末、テロ計画の容疑に関しては証拠不十分で拘留を解かれた）。友人のアパートでは、武器や銃弾が多数見つかった。容疑者の兵士は、軍で弾薬を管理する部署にいて、少しずつ横流しをしながらそれを貯めていたことがわかった。

しかし真の問題は、なぜアラビア語がひと言も話せないドイツ人が、やすやすとシリア難民になりすませたのかということだ。つまり二〇一五年の秋、難民の受け入れはそこまで混乱していたのである。

難民問題のタガが外れていくにつれ、ドイツ人の意見は真っ二つに分かれた。難民の受け入れを制限すべきだとする人たちがいる傍ら、なおも難民に手を差し伸べようとする人たちもいた。そのどちらもが、次第に感情的になっていった。与党の一角であるCSUでは、難民の受け入れに制限をかけるべきだという意見が急速に強まった。

しかしメルケルは、受け入れ数に上限をつけることを拒みつづけた。「上限を決めたら、次の一人は追い返すのか?」彼女のこの言葉が、ドイツにさらなる混乱を引き起こした。メルケルの真意とはいったい何だったのだろう。その理由として、まず考えられるのが、第1章で述べた、ナチの古傷からの完全なる脱却だ。ドイツはこれを契機に、正真正銘の人道国として胸を張るチャンスを得られた。

また、メルケルが産業界に背中を押されたことも考えられる。ドイツの産業界は、戦後、つねに外国から安い労働力を導入し、経済発展の推進力としてきた。現在のドイツでは、安い労働力よりも熟練技術者が極度に不足しているが、うまくいけば、それも難民が解決してくれるかもしれない。とくにシリア難民は高学歴者が多いという噂だったので、産業界は、技術者や高技能者の獲得に大きな期待をかけた。

さらにドイツ政府は、難民を少子化対策の一環としても捉えていただろう。アラブ人は子だくさんだ。難民の子供たちが大きくなったころ、将来の年金の鍋が焦げつかないように貢献してくれるという期待は、現実的なものだった。少子化だけは、ドイツ人の力ではどうにもならないからだ。

メルケルが名声を欲した可能性もある。あるいは、彼女を動かしたのはほんとうに「人道」だったかもしれない。しかし、もしそうだとしたら、この「人道」には誤算があった。国民は次第に、とどまることを知らない難民の流れに恐怖を感じはじめている。そして、それに気づいたドイツ政府は、いま同じ「人道」の名のもとに、難民をアフリカに、あるいは、中東にとどめておく方法を懸命に模索しはじめた。

バルカン半島で凍える難民を見捨てたドイツ

二〇一七年の初頭、ドイツは寒気、大雪、強風と三拍子揃った過酷な冬に見舞われた。一月四日には、ヨーロッパのハブ空港の一つであるイスタンブール空港が吹雪で閉鎖された。

北極圏の冷たい空気は、通常ならばいったんノルウェー海あたりに出て、少し温度を上げるのだが、このときは直接ヨーロッパ大陸に流れ込んだ。その影響で、ロシアや北欧だけでなく、中・東・南欧、バルカン半島、そしてアフリカ北部までが、すっぽりと大寒気に包み込まれた。しかも、その極端な寒さが、三週間ものあいだ居座ったのである。

十二日からは、ヨーロッパの広範囲を猛烈な吹雪が襲い、各地で大きな被害が出た。最低気温はノルウェーのマイナス四二・四度、チェコのマイナス三五・二度、バルカン半島はセルビアのマイナス三三度など。ドイツでもマイナス三〇度台を計測した。いちばん極端だったのは、一月七日のアルバニア南部のマイナス二二度。この地方の通常の一月の平均気温は氷点下にはならない。

ロシアやスカンジナビアがいくら寒くなろうとも、人々には長年の勘があるが、普段は温暖な地域が、突然、冷凍庫と化せば話は別だ。ホームレスの人々だけでなく、屋内でも凍死する者が出た。

そしてこのころ、バルカン半島のあちこちには、野宿同様で足止めを食らっている難民たちがいた。それまで何百万もの難民の通り道となってきたバルカン半島の国々が、次々と国境を封鎖したからだ。そこに大寒波が襲ったのだから、事態はきわめて危険な状況となった。

一月二十日、ＥＵの欧州基本権機関（本部ウィーン）は、「とくに困難なのはセルビア・ハンガリー国境と、ブルガリアの状況」と訴えた。いうまでもなく、国境地帯は何もない荒野のような場所だ。ＵＮＨＣＲ（国連難民高等弁務官事務所）によれば、セルビアにはＥＵ国境（ハンガリーの国境）を越えようとしている難民が、少なくとも七二〇〇人いた。一方、ブルガリアには十二月だけで四四〇〇人が新規に到着したが、みな、まともな防寒の用意もなく、やはり凍死者が出たり、凍傷などの疾病《しっぺい》が急増していたという。

しかし、このときドイツは何もしなかった。メインのニュースでそれが報道されることさえなかった。マイナーなニュースでは、ＮＧＯ（非政府組織）が懸命に、乾いた衣類と温かいスープなどを支給している様子が流れていた。ドイツ人が難民を受け入れていたとき、あれほど毎日、それを報道していたメディアは、なぜ沈黙していたのか。

二〇一五年九月、メルケル首相がハンガリーで行き止まってしまっていた難民を受け入れることを決めたのは、真夏のことだった。しかもハンガリーの首都だ。誰も飢えたり、凍えたりしていたわけではない。しかし極寒のなか、凍死しそうな難民に対して、ドイツ人の人道主義と隣人愛が向けられることはなかったのだ。

第5章　ＥＵ内でも止まらない「反ドイツ」

EUの矛盾が目に見えて噴出したギリシャ危機

「ヨーロッパは一つ」という言葉には、ヨーロッパ人の夢が凝縮されている。EUは、希望に満ちたプロジェクトだった。自由で、平等で、平和で、豊かな世界の建設。民主主義の実現。少なくともドイツ人は、そういう理想の世界の到来を、本気で夢見ていたと思われる。

そのEUが変調をきたしはじめたのは、いつごろからだったのか。いつしか、あちこちで上がる諍《いさか》いの声が、どんなに耳を塞いでも、聞こえてくるようになってしまった。不協和音の原因は、どうすれば取り除けるのか。あるいはEUとは、もともと実現不可能な錯覚の城郭だったのか。

EUの矛盾がはっきりと噴出したのは、ユーロ国が、金融危機で傾いてしまったギリシャの支援に乗り出そうとしたときだった。そして、その五年後、大量の難民の到来が、EUを完全におかしくした。

長らくEUの牽引役だったドイツに霧が垂れ込めてきたいま、奇しくもEUがその轍《てつ》を見失いかけているというのは、偶然だろうか。ドイツの唱える「ヨーロッパ統一」は、たんなる政治的スローガンではなかったかと、私は最近、思いはじめている。

ギリシャの金融危機の始まりは、二〇〇九年だ。十月、ゲオルギオス・アンドレアス・パパンドレウが政権につき、じつはギリシャの財政赤字は四パーセントではなく、一三パーセントだと告白したため、ユーロ圏は大騒ぎになった。どうにかしてユーロの信用を取り戻さないことには、為替市場が破綻する。

そこで、それから数年、ギリシャ救済をめぐる大立ち回りが繰り広げられることになるのだが、いまではギリシャの金融危機など、ニュースにさえならない。

しかし、だからといってギリシャ問題が解決したわけでは決してない。それどころか、現在のギリシャ国民の生活は、以前よりはるかに困窮している。したがって、過去三度の膨大な支援に引き続き、二〇一八年も、二三二四億ユーロの資金援助がなされる予定だという。そのちょっと前に、ギリシャは二〇一八年より自力で資金調達ができるようになるというニュースがまことしやかに流されていたのは、何だったのか。

いまのギリシャは、すでにＥＵとＩＭＦ（国際通貨基金）とＥＣＢ（欧州中央銀行）による被占領地区のようになっている。また、過酷な金融引き締めや民営化を強制された結果、港湾施設や空港など、利益の出そうな物件は、すでに外国資本の手に渡ってしまった。ギリシャはEUの加盟国だから、まだどうにか独立国家の様相を保っているが、実態はすでに植民地に近い。

はっきりいって、近い将来、ギリシャ経済が立ち直るとは思えない。ドイツやオランダと同じ土俵に立ち、ユーロを通貨として「平等に」、つまり同じ条件で使っているうちは無理だろう。フランスでも無理なのに、ギリシャにできるわけがない。その証拠にフランスはいま、ユーロのルールを変えようとしているではないか。

また前章で見たように、ギリシャはすさまじい難民問題も抱えている。中東からも、アフリカからも、ボロ船に乗った人々が続々と地中海を渡ってやってくる。海に戸は立てられないから防ぎようがない。しかも、一度入ってしまえば、ギリシャにはその人たちを庇護する義務が生じる。二〇一五年までは、そのまま素通りさせていたが、いまでは他の国の監視がきつくなり、そんなことも許されなくなった。

ギリシャ政府の発表によれば、二〇一七年時点で、ギリシャの本土と島々には六万二〇〇〇人の難民が滞在しているという。ところが十月、ドイツの『ディ・ヴェルト』紙が、「多くても四万四〇〇〇人」という数字を発表した。難民の世話をしているNGOの協力で算出した数字だという。それどころか、ＥＵの管轄の部署は四万人と推定しており、これらが正確なら、ギリシャで登録された難民のうち、二万人が消えてしまった勘定になる。

消えた二万人はどこへ行ったかというと、他の国に密入国した可能性が高い。国際的な犯罪組織が緊密なネットワークを駆使して、難民の密入国を幇助し、それがすでに一大ビジネスになっていることはすでに書いた。多くの難民の目的地はいまだにドイツだ。同紙によれば、ドイツの内務省もその事実は把握しているという。

「難民割り当て」をめぐって巻き起こった諍い

二〇一五年、一〇〇万人近い難民を受け入れたドイツも、現在は完全に守りの態勢だ。周辺国もみな、やはり自分たちの国境を警備しているため、ＥＵの真ん中に位置するドイツに難民が陸路でたどり着くことは、本来ならば、かなり難しくなっているはずだ。ところが実際には、まだ毎月、約一万五〇〇〇人の難民が陸路でドイツに入ってくる。さらに困るのは、その一万五〇〇〇人以外に、どこに、どれぐらいの難民が入り、どこに潜伏してしまっているのかがわからないということだ。

ドイツにさえ潜り込めれば、いくら国境で警備をしているといっても、隣国への移動は俄然、容易になる。周りに陸続きの国が九カ国もあるし、たとえばベルギーやオランダには、すでに警察の力が及ばないような、巨大なイスラムのコミュニティーが存在する。しかも、そのベルギーやオランダとドイツが接しているあたりでは、国境など林を歩いているうちに自然に越えられる。行方不明の難民のなかにテロリストや犯罪者がいても、容易に拡散する。そして、それが現実となっていることは、パリやブリュッセルやベルリンのテロを見ればわかるだろう。

二〇一五年秋、ドイツは一時、身分証明書をもたない難民も無制限に受け入れたので、年齢や出身国が本人の主張どおりになった。たとえば、モロッコやチュニジアなど北アフリカの国からの難民は、通常、難民とは認められず、母国に戻らなければならないが、未成年に限っては、滞在を容認されることが多い。ましてや、シリアやアフガニスタンなど、ほんとうに紛争の起こっている国から来ている難民の場合は、未成年ならほとんど確実に庇護された。難民資格がとれれば家族を呼べる可能性も出てくるため、難民のあいだではしばしば、「まず『未成年』を送り込む」という作戦がとられた。だからドイツには、とてもティーンエイジャーには見えない「未成年」の難民が数多くいる。

二〇一七年十二月二十七日、ドイツ中を震撼させる事件が起こった。西南ドイツのラインラント－プファルツ州の田舎町で、十五歳の少女が、やはり十五歳の少年に刺し殺されたのだ。白昼のドラッグストアでの出来事だった。少年は、二〇一六年に難民としてドイツに入ったアフガニスタン人で、その少女と付き合っていたという。

交際をやめたあと、少年からの悪質な嫌がらせがあったため、少女の両親は十二月の半ば、警察に届けた。しかし、まさか刺し殺されるなどとは誰も夢にも思っていなかった。アフガニスタンは長くタリバンの支配を受けていた地域で、名誉のための殺人は大目に見られることも多い。女性はいまでも、外出するときはチャドルやブルカで体をすっぽり隠している。

これ以前にも、すでに難民による犯罪は起こっていたが、ドイツの政治家とメディアは、それらをなるべく隠してきた。二〇一六年の秋、フライブルクで医大の女子学生が、夜、自転車で帰宅途中、やはりアフガニスタンの難民に殺されたとき、メルケルは「この忌むべき殺人を引き起こしたのがアフガニスタン難民だとしたら、彼を厳しく裁かなければならない。しかし、それを、あるグループの拒否につなげてはいけない」とコメントを出し、ガブリエル副首相兼経済・エネルギー相（ＳＰＤ）は、「このような凶悪犯罪は、シリアやアフガニスタンから最初の難民がやってくる以前にもあった」と語った。

しかし二〇一七年末、ドイツの空気はすでに一変していた。だからメディアは堰を切ったように、連日、この十五歳の少女殺人事件を報道した。そして、当然のことながら、加害者の少年の年齢を疑う声が上がった。

手の骨をレントゲンで調べると、おおよその年齢を特定できるそうだ。ただ、ドイツでは、それは行なわれていない。ドイツ医師会も、医療目的でないレントゲンは健康を害するとして反対している。

これを、警官の組合代表が痛烈に批判した。「もし我々が、大量に入った難民と、それに関連した危険に対し、もっときちんと対処できていれば、今回の被害者はもちろん、他の多くの被害者もいなかったことだろう。なのに遺族が悲しみ、被害者が多くの苦しみを味わっているあいだも、『難民ようこそ政策』の代表者たちは沈黙を続ける。同情もなく、自己に対する疑いもなく思い上がったまま、自らの高貴な信念に固執している」と。

ドイツ人は決して難民を拒否したいわけではない。助けたいのはやまやまだけれど、壁に突き当たってしまったのだ。まずは住居、学校などキャパシティーの限界。言葉の通じない、違った文化圏の人々が増えていくことへの不安。そして、犯罪に対する憤り。多くの人々は、自分たちの善意が悪用されていると感じている。

しかし現実問題として、ギリシャやイタリアには、いまも続々と難民たちが上陸して、行き場がなくなっている。これはもうドイツだけではなく、ＥＵ全体の問題だった。そこで二〇一五年、図らずもこの難民騒動の端緒を開いたメルケルが、リーダーシップをとることを迫られた。

とはいえ、まさかいま、ドイツがギリシャとイタリアにいる難民をすべて引き受けるわけにはいかない。そこでドイツ政府は打開策として、それらの難民をＥＵ各国が割り当てを決めて引き取ろうと提案した。しかし、その瞬間、ＥＵはこれまでにないほど激しい諍いで、収拾がつかなくなってしまったのである。

ドイツがユーロというシステムで得をする理由

ＥＵの混乱は、現在、ＥＵの原理原則を問い直さなければならないほど深刻になっている。問題はおそらく、もともとあったのだ。しかし、ついこのあいだまで夢や理想でうまく隠されていたそれらの問題が、ギリシャの金融危機と難民の到来で覆い隠せなくなってしまった。

ＥＵの国々の共通点を見つけることは、きわめて難しい。言葉も、民族も、宗教も、習慣も違えば、国の規模も、経済力も違う。そして何より、人々の価値観が違う。自分たちが同じ「共同体」に属しているという実感は希薄だ。つまり、連帯しようというモチベーションが少ない。連帯は、人工的につくられたものだ。

EUの歳入は、ほとんどが拠出金で賄われている（ごく一部が関税や消費税による収入と何らかの罰金など）。拠出金の額だけを比べれば、いちばん多く出しているのは人口とGDPの大きいドイツだ。だからドイツ人は、自分たちがEUに最も貢献していて、それどころか、しばしば多大な犠牲を払っていると感じている。しかし、他国はそう思っていない。ドイツとほかの加盟国のあいだには、そもそもそこで大きな齟齬《そご》が生じている。

現在のドイツは、経常収支を見ようが、失業率を見ようが、究極の一人勝ちといえる。そして、その膨大な利益をもたらした主な原因こそがEUであり、ユーロなのだが、国民は幸か不幸か、それをあまり実感していない。だから「自分たちのお金」をギリシャ救済に注ぎ込むことをよしとしない。メルケルがいつも、ギリシャ支援にあたって国民の説得に苦労するのはそのためだ。

なぜ、ユーロでドイツが得をするかというと、まず、ユーロの為替レートがドイツにとって安いからだ。レートはユーロ加盟国全体の経済状況を見ながら定められるが、ドイツにとっては間違いなく、つねに安い。もともと製造業が強く、輸出に依存していたドイツにとって、安い通貨は鬼に金棒となる。

しかし、他の多くのＥＵ国では、まさにそれと逆のことが起こる。ＥＵという関税障壁のない自由市場を席巻《せっけん》したのは、当然、経済大国ドイツの競争力のある商品だった。しかも他の国々は、輸出しようにもレートが高すぎて叶わない。製造業は没落し、失業者が増えた。

また、ドイツの国債は、その安定が魅力となり、利回りがゼロでも売れた。無利子で集めたそのお金で、ドイツの銀行は、ギリシャの危険な高利回りの国債を買って儲けたのである。

こうして、ＥＵ中のお金が雪だるま式にドイツに集まっていった。ＥＵとユーロは、ドイツにとって「金のなる木」といっても過言ではなかった。そして、他国のドイツへの反発が、ＥＵの雰囲気を蝕《むしば》んだ。

なぜＥＵの「汚職レポート」は廃止されたのか

ＥＵのもう一つの大きな問題は、お金の再配分だ。ＥＵの予算は七年ごとに組まれるが、二〇一四年から二〇年までの七年間の予算は、約九六〇〇億ユーロ。お金の配分は、さまざまなEU基金を通じて行なわれる。基金の目的の多くは、発達の遅れている加盟国の産業活性化だ。いうまでもなく、ここで大きなお金が動く。

大きなお金が動くところには、必ず汚職が生まれる。EUのお金を自分のお金と間違える役人が続出し、汚職、談合、土地転がしと、何でもありになった。そういう状況では、受注のために重要なのは、労働効率の改善でも技術革新でもなく、お金を配分する権限をもっている人への強力なコネをつくることとなる。だからモラルはもちろん、仕事の質もどんどん下がる。

それどころか、受注コストは高ければ高いほうが関係者はみな、得をするため、EUの補助金の注ぎ込まれたプロジェクトでは、同じ道路を建設するのでも、他の場所の二倍もかかるというようなことが、まかり通るようになった。

ただ、次第にタガが外れていくうちに内部告発も増え、歪みが覆い隠せなくなった。そこでようやくEU議会がその対策に乗り出し、汚職対策局が組織された。

二〇一四年、同局の手により、初めてEU汚職レポートが発表された。それによれば、一年間で消えてしまったEUのお金は九億ユーロ。これは、まったく追跡できなかったお金のことで、役に立たないプロジェクトに注ぎ込まれたお金は含まれていない。最も汚職がひどかったのが、ルーマニア、ブルガリア、チェコだったという。ＥＵの内務委員会が、このレポートを高く評価した。

ところがその二年後、ほとんどできあがっていたといわれる汚職レポート第二弾は、なぜか発表されなかった。そして一年も経ってから、レポート自体の廃止が決まった。汚職の調査は続けるが、前回のようなかたちでの公表はなくなるという。

この決定に対して多くのＥＵ議員が抗議したが、ＥＵ内の法的公正を高めるための部署の長であるフランス・ティマーマンス（欧州委員会の第一副委員長・オランダ人）は、汚職がいくつかの加盟国において中枢的な問題であることは認めたものの、それ以上のイニシアティブはとらなかった。

なぜ、汚職レポートが闇に葬られたのか、その原因はいろいろ取り沙汰されている。ただ、多くの国が廃止を希望していたことは確かなようだ。とくに大統領選を控えたフランスが、強くそれを主張したともいわれる。

フランスでは折しもこのころ、有力な大統領候補だったフランソワ・フィヨン元首相が、自分の妻への不正な給与支給が明るみに出て失脚した。それにより政治家のモラル全般が問われたため、これ以上の腐敗が出てくると、反ＥＵを叫ぶマリーヌ・ル・ペンの国民戦線がさらに伸びるという懸念があったといわれる。

とはいえ、のちに明らかになったように、これらの予防措置は役に立たず、フランスの既存政党は軒並み敗れてしまった。そして、政権はル・ペンではなく、もう一人の候補者であったマクロンに移った。

ちなみに当時、右派の台頭を恐れていたのはフランスだけではなかった。前述のティマーマンスの出身国オランダも同じだったし、二〇一七年に総選挙を控えていたドイツも、やはりAfDを極度に警戒していた。そのせいかどうか、汚職レポートの発表にはドイツも反対していたという。

それから一年以上がすぎたが、汚職は減っていない。二〇一七年四月には、チェコのドイツ国境に近い場所で、旧農家を改築して瀟洒《しょうしゃ》な売春施設がつくられたが、そこにEUの補助金が四万ユーロ流れていたことがわかり、ドイツの国民を呆《あき》れさせた。四万ユーロというと約五〇〇万円にすぎないが、チェコとドイツでは経済格差が大きいので、けっこう使いでがあるのだろう。EUのお金は、おそらくこうしてあちこちで山分けされている。

ちなみにEUの理事会の議長国は半年ごとの輪番制だが、二〇一八年前半の議長国は汚職のチャンピオンともいわれるブルガリアだ。ブルガリア首相のボイコ・ボリソフは、自分の任期中の課題の一つとして、EUの首都であるブリュッセルと東欧諸国のあいだの亀裂を埋めるために尽力すると、大きな抱負を述べている。

EUのメリットを活用するポーランドのしたたかさ

ボリソフのいうとおり、ブリュッセルと東欧諸国の足並みが揃わなくなっていることも、現在、EUの大きな問題だ。それがエスカレートしたきっかけは、ここでも難民問題だった。先に述べたように、ギリシャやイタリアにいる難民を加盟国各国が割り当てを決めて引き取るという案は、ドイツのイニシアティブによるが、東欧の国々はいまだにそれを認めていない。その他の国々も、あまり気乗りはしないものの、連帯を強調するために、いちおう口では同意しているという状態だ。

そこで東欧諸国は、難民を引き取る代わりにお金を払うと提案したが、それはドイツやフランス、オランダが拒否した。「補助金をもらうときばかりEUヅラをして、連帯が必要なときにはそっぽを向くとは何事か」というわけで、制裁も辞さない勢いだ。争いはエスカレートしている。

ただ、東欧のこのブリュッセルに対する距離感は、いまに始まったことではない。彼らはたとえEUに加盟していても、EUの主権のもとに入り、真のEU統合を果たしたいなどとは夢にも思っていない。彼らにとっては、はるか彼方のEU憲法のほうが、自分たちの憲法より強い効力をもつなど、ありえないことだ。ましてや、どこの国から、どんな人間を、何人、自国に入国させるかを、自分たちで決めずして、誰が決めるのかと思っている。

東欧には、かなり強権的な政権が多い。ポーランド、ハンガリーしかり。どちらもソ連の軛《くびき》を離れてすでに二十七年。いまでは過去に大国であった記憶が鮮明に蘇ったかのような堂々たるスタンスだ。彼らは理想の香りに包まれた夢など見ない。現実を見極め、大国に呑み込まれないよう用心怠りない。

ポーランドとハンガリーの共通項は、二〇〇四年のEU加盟が、その後の経済発展を大きく牽引したことだ。なかでもEU基金の恩恵は膨大で、その潤沢な資金による公共投資が、急速な経済成長をもたらした。

いまやポーランドは、中欧、東欧で一番の経済大国にまで成長したし、ソ連時代、すでに産業優等生だったハンガリーも、EU市場へのアクセスを最大限に利用して大発展を遂げつつある。両国ともギリシャのように、ユーロという身の丈に合わない通貨の導入には慎重だし、またＥＵからの貴重な資金を、ルーマニアやブルガリアほど、縁故やら汚職で無駄に食いつぶしもしない。ここらへんにも、やはり強い政府のメリットが如実に表れている気がする。ちなみにＥＵの加盟国で、拠出した額と受け取った額を一人当たりに直して比較してみると、農業の補助金を多く受けているポーランドが群を抜いて最高の利得者となっている。

そのポーランドが二〇一七年十二月、ＥＵの警告を無視して司法制度の改革を強行した。ＥＵは、これでは三権分立が侵犯されるとして、ポーランドに制裁をかけるというところまで話が進んでいる。いうまでもなく三権分立はＥＵ加盟国の義務だ。制裁の中身は、ＥＵ内での権利の停止。議決権も失われる。

しかしポーランドにしてみれば、まさにそういうＥＵの「内政干渉」の圧力に対抗できるように法律の改正をしたのだろうから、何といわれようが、どこ吹く風だ。それに、この制裁が実行されるには加盟国の全会一致の賛成がいるから、たとえばハンガリーのオルバン・ヴィクトル首相が反対票を投じてくれれば、それでポーランドの首はつながる。ポーランドにとって、事態はそれほど深刻ではなさそうだ。

これを見て思い出すのは、一九三三年の日本の国際連盟脱退である。中国大陸で列強が覇権争いをしていたなか、当時の日本が自国の命運をかけて擁立した満洲国が、国連総会で否定された(四二対一)。そのときに日本は妥協よりも「名誉の孤立」を選び、自らの意思で連盟を脱退。しかし実際には、日本の満洲進出について非難していた国々はみな、日本がキレて国連を脱退したことに仰天したという。

ちなみに、当時の日本は常任理事国というよい地位を手にしたアジアの覇権国だった。国連から抜けたら損ということは、中学生でもわかる。大昔から外国と切磋琢磨《せっさたくま》してきた国々なら、おそらくのらりくらりと切り抜けたのではないか。

しかし興味深いのは、当時、総会から帰国した松岡洋右全権大使を、日本国民が喝采をもって迎えたという事実だ。そして日本はこのあと、石油輸入量の八五パーセントを依存していたアメリカ相手に開戦するのである。つまり、初心《うぶ》だったのは国の指導者たちだけでなく、国民も同じだった。

それに比べれば、ポーランドは経験が豊富だ。十四世紀には強大な勢力を誇ったが、周りにロシア帝国、プロイセン王国、オーストリア帝国などが勃興したのが運の尽きとなった。十八世紀には何度も国土を分割され、一七九五年の第三次ポーランド分割では、負け戦どころか、国家が消滅してしまった。その後もナポレオン、ロシア、プロイセンに振り回され、ようやく真の復活を果たしたのは、なんと百二十三年後の一九一八年のことだ。

しかし、その国家もまもなくヒトラーとスターリンに挟み撃ちにされて消え、それが第二次世界大戦の引き金となった。戦後に建った「ポーランド人民共和国」は三度目の正直だ。ソ連崩壊のあとは、「ポーランド共和国」となり、いまに至っている。

現在のポーランドは、ＥＵが自国にもたらすメリットを十分すぎるほど認識している。だから警告されても、制裁するぞと脅されても、声高に抗議したり、あるいは、殊勝なことをいったりしながらかわしつづけるが、そのメリットを一気に棒に振ることはしない。ＥＵとの関係が若干悪化したからといって、もちろん離脱など考えない。イギリスと自分たちとは事情も国力も違うことは、百も承知だ。

だから、まさにその態度に対し、ＥＵの中心となっている西側の諸国が腹を立てている。ここ一年ほどブリュッセルでは、難民政策で反抗的なこれらの東欧諸国を、「ＥＵの理念に反する」「利己主義である」と強く非難してきた。

彗星のように現れたオーストリアの貴公子・クルツ

ところが、二〇一七年十二月、そのＥＵの「正しい声」があっけなく覆されてしまった。

オーストリアで就任したセバスティアン・クルツ首相が、「難民を受け入れるかどうかは、各国が独自に決めるべきだ」と宣言したからだ。このひと言で、ＥＵの常識が、突然よろめいた。同時に、これまで叱責されていた東欧諸国が、我が意を得たりと活気づいたことは、いうまでもない。

クルツは弱冠三十一歳。中道保守の国民党の党首で、現在、世界最年少の首相だ。社会民主党（社民党）との大連立政権だった前政権では、外相を務めていた。外相になったのは二十七歳のときだった。

クルツの経歴は奇跡のようだ。二十四歳で議員になり、二十五歳で連邦政府の次官となり、二十七歳でオーストリア史上最年少の外相になり、三十一歳で世界最年少の首相になった。これがカリスマというものだろうか。当人は貴公子然とした、どちらかというと浮世離れした憂愁の美青年だ。タイムスリップして一八一四年に飛び、「会議は踊る」と揶揄されたウィーン会議で、プロイセンの宰相ビスマルクの横に立ってもしっくりくるだろうと思われるほど、激しく古風な雰囲気を醸し出す。

オーストリアというのは不思議な国で、ハプスブルクの栄えていたころと同じような街並みを保とうという頑迷さが、あちこちに感じられる。ザルツブルクで、石積みの壁の地下の

オーストリア首相のセバスティアン・クルツ（写真提供：dpa／時事通信フォト）

ワインレストランに入れば、そこにモーツァルトが座っていてもおかしくない雰囲気だ。アルプスに囲まれているせいか、人心はかなり閉鎖的。よそ者にはたいてい不親切。貴公子クルツを輩出したのは、そういう個性的な国なのである。

オーストリアは二〇〇七年より社民党が第一党で、社民党政権下の難民政策は、超がつくほどリベラルだった。これまでに受け入れた難民の数は、人口当たりにすればドイツより多い。二〇一六年一月の統計では、外国人の割合が全人口のすでに一四・六パーセントである（オーストリア国籍を取得した外国人は計算に入っていない）。

二〇一五年、ドイツがハンガリーに溜まっている中東難民を超法規的に引き受けたとき、メルケルは事前に、当時のオーストリア首相のファイマンに電話で了解を求めた。ハンガリーからドイツに難民を運ぶと、オーストリアが通り道になるからだ。ファイマンは、ドイツが引き受けるならとOKを出したが、結局、ドイツまで行かず、オーストリアにとどまった難民も多かった。オーストリアの人口は八七〇万人だが、二〇一五年だけで難民は九万人近く増えた。

そしてその半年後、二〇一六年三月九日の未明、信じられないことが起きた。バルカンルートが閉じられたのだ。ハンガリー、スロベニア、クロアチア、セルビア、マケドニアと共同での電撃作戦だった。そこでくい止めないかぎり、難民はいつかオーストリアに入ってきてしまうからだ。この作戦は、クルツ外相の芸術作品といわれる。

これで助かったのはドイツだったが、もちろん、お礼をいうことはなかった。これまでハンガリーの難民政策を声高に非難していたドイツが、このような事態を評価できるわけもない。

しかし、こうして懸命にバルカン経由のルートを遮断したと思ったら、今度は、難民はイタリア経由で入ってきた。そこで二〇一六年四月には、オーストリア政府は、イタリアとの国境であるアルプス山中のブレンナー峠を封鎖し、国境で一時間の審査後、即時強制送還という強硬策まで敷いた。

オーストリア国民のクルツ支持は「ＥＵへの抗議」

いずれにしても、クルツはこれら一連の難民政策により、ＥＵに反旗を翻した。それまで親メルケルだったオーストリア政権が反メルケルになったのは、クルツのせいだといわれるのはそのせいだ。オーストリアでは、その後の選挙運動中も、難民対策と国境防衛が大きなテーマでありつづけ、一方、そのあいだにも、メルケルとファイマンの一存で始まった難民騒動が、ＥＵ全体を蝕みつづけた。

それを目の当たりにした国民のあいだで、クルツの人気はますます高まり、二〇一七年七月、彼は国民党の党首となった。十月の総選挙で、クルツ率いる国民党が社民党を破って第一党にのし上がったあと、ＥＵにとって何が衝撃的だったかといえば、彼が連立相手に選んだのが、これまでのように社民党ではなく、自由党だったことだ。オーストリアの自由党は極右といわれ、ドイツで忌み嫌われているＡｆＤとほぼ同列に置かれている党だ。

十二月、正式に首相に就任した翌日、クルツは右傾化の嫌疑を晴らすため、最初の訪問先としてブリュッセルを選び、ＥＵへの恭順を示したが、これから先、オーストリアがいくつかの政策で東欧の国々と連携するだろうことは、容易に想像できる。ドイツ人にしてみれば、ハンガリーやポーランドであるまいし、オーストリアで極右政党の政権入りなどありえないと思っていたのに、難民がきっかけで、ありえないことがトントン拍子で進んでしまった。当然ながら、ドイツの既成政党はこの新政権の出現に慌て、メディアも嫌悪感を示した。

そのため、当初は、オーストリアで起こっている反政府の抗議デモの様子などがさかんに報道された。しかしこれらの抗議の波は、ドイツメディアが期待していたほどは盛り上がらなかったらしい。難民に対する寛大政策を続けようとした同国の緑の党が得票率を四パーセントまで落とし、議会から消えてしまった事実も、それを証明していた。多くの国民が「オーストリア・ファースト」と思っていたかどうかは不明だが、社民党政権下のリベラルな政治にノーを突きつけたことだけは確かだった。

これ以降、ドイツでは、オーストリアの政局が報道されることが極端に減った。ドイツメディアは、見たくないものは無視する。しかも実際にはこのころ、どの国も水面下では、いかにして難民を防ごうかと、みなが必死で頭をひねっていたのだ。国境検査をしないと定めたシェンゲン協定は、すでに実質的に無効で、EUの主要な国境は、電車で越えようが、自動車で越えようが、警官が念入りにパスポートを調べていた。

オーストリアの国民が、国民党との連立という、クルツの少々危険な賭けに乗った理由の一つは、綺麗ごとばかり並べるＥＵにうんざりしていたからだ。いまのドイツでは、「難民を受け入れるかどうかは、各国が独自に決めるべきだ」などとは、口が裂けてもいえない。しかし、クルツはＥＵの偽善の片棒を担がなかった。オーストリアには言論の自由があった。

一方、渦中の人であるクルツ本人は、ドイツ人の悩みを知ってか知らずか、古色蒼然《そうぜん》とした首相府でエレガントに微笑んでいた。十八世紀、マリア・テレジアの時代に建てられ、十九世紀にクレメンス・フォン・メッテルニヒがウィーン会議を開いた由緒ある宮殿である。ほんとうに東西の架け橋を務められる政治家がいるとしたら、このクルツしかないだろう。しかもこの若さなら、たとえ一度や二度失敗しても、いつか必ず復活する。アメリカの『タイム』誌は、次世代のリーダーのトップ10の一人にクルツを選んだ。

マクロンは「メルケルお母ちゃん」の手には乗らない

ＥＵといえば、クルツと並んで二〇一七年に発足したフランスのマクロン政権は、いま、最も注目されている。五月の大統領就任時は三十九歳だった。

七月には、ベルサイユ宮殿の長い回廊を、彼が皇帝然と歩く姿が演出された。左右には、羽根飾りのついた黄金の兜《かぶと》に、赤、黒、白の華やかな衣装をまとったフランス共和国親衛隊が、一糸乱れず整列していた。全員、鞘から抜いたサーベルの刃先を、キッと天井に向けたまま。

どこかで見た光景だと思ったが、そういえば、プーチン大統領がクレムリン大宮殿で、ときどきこのような煌《きら》びやかなシーンを演出する。しかしマクロンのベルサイユ宮殿の映像は、完璧にその上をいっていたのではないか。

マクロンが大統領に就任したのは、二〇一七年五月十四日だった。普通、歴代のフランス大統領は、就任式後、エリゼ宮から凱旋門に向かってシャンゼリゼ通りを大統領専用のオープンカーで走るというが、この日のマクロンは軍用のオープンカーを使い、すっくと立ったまま、沿道の市民を睥睨した。かつてのシャルル・ド・ゴール将軍さえしなかったことだという。そしてその翌日、すぐさまベルリンを表敬訪問している。

ドイツ国民のあいだでもマクロン人気は高かった。メディアが全面的にマクロン派だったこともあり、ドイツ国民は素直に、国民戦線のル・ペン党首が当選しなくてよかったと胸をなで下ろした。そして、この若き新大統領が、勝利の翌日にベルリンに飛んできたことに、とりわけ気分をよくした。

ただ、興味深いことに、このころのドイツメディアは、マクロンを少し上から目線で眺めていた。『ディ・ツァイト』紙は、「決然としてはいるが、formbar（粘土のように思うようなかたちにすることができるという意味）」と書いた。「サルコジのようにマッチョでもなく、オランドのように惨めったらしくもない」「メルケル首相にとっての完璧なパートナー」。マクロンに対するメルケルを「メルケルお母ちゃん」と称したメディアさえあった。微笑ましく、余裕で眺めていたのである。

エマニュエル・マクロン仏大統領
（写真提供：AFP＝時事）

たしかにマクロンとメルケルは、年は親子ほど違う。しかし、マクロンが「メルケルお母ちゃん」の手に乗らないことは、まもなく明らかになる。

マクロンは、初舞台であった五

月末のNATO（北大西洋条約機構）の会合でも、それに続いたEU理事会でも、G7サミットでも、G20サミットでも、じつに堂々としていた。普通なら、新米の首脳は控えめにしているものだが、彼は新米のうえ、最年少であったにもかかわらず、自分がメルケルと並んでEUのリーダーであるということを、誰もがわかるように見せつけた。そして、メルケルに対しては、過大なスキンシップをも含めて、わざとらしいほどの親密さを演出した。

六月の国民議会選挙で大勝してからは、ドイツではマクロンはスーパースター扱いとなった。彼こそがメルケルと手を携え、ボロボロになったEUの救済を実現する人物である。舞い上がったドイツメディアは「独仏枢軸」などといいはじめ、マクロンとメルケルがハグし、ほっぺたにキスをしあっている写真で、しばしば紙面を飾った。

二〇一七年六月二十一日付の『南ドイツ新聞』のインタビューで、マクロンは次のように語っている。

「問題は、ヨーロッパが何十年もかかって世界に浸透させてきた根本的価値観を守るのか、あるいは、偏狭な民主主義と独裁政権の増強の前に、尻込みするのかということだ」

アメリカやロシアなどに対するあてつけであることは明らかだった。さらに続いた言葉もすごかった。

「東欧の指導者の何人かは、ＥＵを冷笑するような態度をとっている。彼らはＥＵを、価値観を共有せずにお金を分配してもらうために利用している。ＥＵはスーパーマーケットではない。運命共同体なのだ」

並み居る政治の先輩たちに向かって、国際舞台でほぼ未経験の若い大統領が放つ言葉としては、傲慢でさえある。各国の首脳たちは驚き、不快に感じたはずだ。とりわけ「東欧の指導者の何人か」が立腹したことは間違いない。

二〇一七年七月一日には、フランスのストラスブールで故コール独首相のＥＵ葬が行なわれ、政財界から教会関係までＥＵのエリートが大集合したが、マクロンはメルケルなどと並んで、主要スピーカーの一人だった。

スピーチを終えた彼は、全員注視のもと、コール未亡人を無視して最前列に座っていたメルケルのところに来た。目の前に差し出された彼の手にちょっと戸惑い、座ったまま握り返したメルケルを、なぜかマクロンはぐいと引っ張って立たせた。そして、さらにダメ押しするように、メルケルを何千人もの参列者の前で、優しく、大げさに抱きしめたのであった。

コール前首相の葬儀は、いわくつきのものだった。先に説明したように、コール・メルケル関係はここ二十年間冷え切っていたし、コール夫人とメルケル首相は、ほとんど敵対していたといってもよかった。だからこそコール夫人のたっての希望で、国葬ではなく、EU葬というかたちがとられたのだが、その葬儀で未亡人を無視し、悲しんでもいないメルケルを抱きしめるのは、どう見てもマクロンの異様なスタンドプレーだった。しかし、それをマクロンは涼しい顔で演じたのだ。

「強いフランス」はドイツに立ちはだかるのか？

二〇一七年七月十四日は、フランスの革命記念日だった。フランスでいちばん重要な祝日だ。その前日の十三日、メルケルはパリ入りし、エリゼ宮でマクロンに迎えられたのち、独仏合同閣僚会議に臨んだ。会議のあとの共同記者会見で発表されたのは、両国が共同で戦闘機の開発に取り組むこと。マクロンはこの計画を「重要な革命」と呼んだ。ちなみに彼は、これまでの「防衛省」を「軍事省」と改称している。

一方、この同日、トランプ夫妻もパリに入り、その夜は、マクロン夫妻の招待で、エッフェル塔内のレストランにおいて、四人で和気藹々《あいあい》と晩餐会が行なわれた。ドイツメディアはそれを追ったので、メルケル首相や戦闘機共同開発のニュースはきれいに飛んでしまった。

そして翌日、フランス空軍の九機のアルファジェット戦闘機が、パリの空いっぱいにトリコロールの飛行機雲を噴射して、祝祭軍事パレードが始まった。シャンゼリゼの特設舞台の主賓席には、トランプとマクロンが夫人同伴で並び、壮大な軍事航空ショーと、延々と続く軍事パレードを見物した。マクロンは、大統領というよりも、皇帝のようだった。

彼の演出しているのはどう見ても「強いフランス」である。フランス国民はそれをどう思っているのか？　ここ数十年、ドイツに首根っこを押さえられて欲求不満気味だったフランス人のこと、胸のすくような気分であるかもしれない。

フランス人に自意識の欠如はない。問題は脆弱《ぜいじゃく》な経済だけなのだ。かつて、ドイツの経済を弱めようと、自分たちの主導で始めた共通通貨ユーロが、不幸にもフランス経済を打ちのめしてしまった。だからこそマクロンは、ユーロの改革やＥＵ共通債発行、はてはＥＵ財務省の設立など、ドイツの一人勝ちをつぶすためのプランをことごとく公約にしていた。できればドイツのお金でフランス経済を活性化するつもりなのだ。しかもマクロンは、プーチンやトランプとも力強く握手を交わしており、ドイツ政府は次第に焦りはじめた。

ＥＵにはいつの間にか公然と、「反ドイツ」の波が押し寄せていた。これまで理想の御旗《みはた》を振りながら、ＥＵの陣頭指揮をとってきたつもりのドイツ人だったが、気がつくと、ＥＵ

は求心力を失って、バラバラになりかけている。

だからこそ、それをチャンスとばかりにマクロンはいま、ＥＵを徹底的に改造すると叫び、「強いフランス」の復活を期す。その横ではクルツが、メルケルの主張してきた「人道」の定義を塗り替えつつある。またドイツの好景気の陰で、すでに何年も経済の不調に苦しんできた南欧も、主権の固持を心に誓う東欧の国々も、陰に陽にドイツに反旗を翻している。そしてドイツ国内では？　どんなに叩いてもＡｆＤの勢力が弱まらない……。

とはいえ、メルケルにしてみれば、「まずは九月の総選挙の勝利が先決」だった。それまでは下手なことをいわず、ＥＵでも国内でも、なるべく波風を立てないこと。しかし、選挙が終わり、政権が固まれば、ただちに行動を開始する。国民が自分についてくることには自信があった。フランスのいうような財政改革をそのまま呑むつもりもない。ただ経済政策や難民政策を含め、ＥＵの構造は、やはり現実に即して少し変える必要はある。女帝メルケルは、きっとそんな腹積もりでいたに違いない。

第6章 そしてドイツは理想を見失った

わずか一カ月のあいだに弾けた「シュルツ効果」

二〇一七年秋、EUは騒然としていた。夏以来、フランスの復権が著しく、十月にはクルツ首相の誕生で、オーストリアの政局が転換した。あちこちで、極左と呼ばれる政党と、極右と呼ばれる政党が台頭しはじめた。空前の好景気のドイツでは、皮肉にも、貧富の格差の急激な拡大が社会問題となっていた。

こうした不穏な状況のなかで迎えた九月二十四日のドイツの総選挙。自信満々だったメルケルのCDUは、第一党は保ったものの、前回より八・六ポイントも得票率を減らす大敗となった。

ドイツの法律では、議会は簡単には解散できない仕組みになっており、国政選挙は、よほどのことがないかぎり、四年に一度しかめぐってこない。連邦参議院のほうは各州の代表の集まりなので、全国一斉選挙はない。

二〇〇五年以来、ドイツはCDUのメルケル政権が続いている。二〇一三年からの第三期メルケル政権は、SPDとの大連立だったことは、すでに述べた。

ただ、盤石だったメルケル政権も、二〇一五年の大量の難民受け入れがさまざまな混乱を招き、二〇一七年に入ると、次第にその人気に翳りが見えはじめていた。それでも、このCDUの弱みを、ライバルのSPDは一向に自党の利益にできず、結局は今度もCDUが勝ち、メルケル政権が続くだろうというのが、選挙直前の大方の予想となっていた。

もっとも、SPDがずっと不甲斐なかったわけではない。マルティン・シュルツがガブリエルのあとを継いで党首に就任した二〇一七年一月、SPDは久しぶりの興奮に包まれていた。それどころか、シュルツがメルケルの対抗馬として、貧富の格差解消を目玉に選挙戦に突入した途端、なぜかSPDの人気は急上昇した。拳を振り上げ、怒鳴りつづけるシュルツのスピーチは日本人にとっては違和感があるが、まさにそれが功を奏したらしく、二月初旬にはSPDは早くも支持率でCDUを超えた。

その後の「メルケルとシュルツ、どちらを首相にしたいか？」というアンケートでは、なんと、シュルツがメルケルを追い抜いたほどだ。五週間で新規の入党者が一万人を超え、「シュルツ効果」という言葉まで飛び交った。

ところが、このシュルツ効果は一カ月で弾けた。息を吹き返したかのように見えたSPDは、きりもみ状態で急降下し、シュルツではたして選挙に勝てるのかとSPD幹部が気を揉みはじめたころには、時すでに遅し。結局、SPDはその不人気を回復できないまま夏を越し、選挙に臨んだわけだった。

SPDの不調の原因は複合的だが、その一つは皮肉にも、保守党CDUの左傾化だといわれている。メルケル主導のこの十二年間、CDUがSPDの看板であった社会主義的な政策を、ことごとく独自のものとして実行しつづけたことは、すでに書いた。第三期メルケル政権では、最低賃金法が可決され、同性婚が完全合法化された。いずれもSPDの長年温めていた法案だった。

そしてSPDは、気がついたときには、ほとんどアイデンティティの喪失といってもよいほどの苦境に陥ってしまった。SPDだけではない。左傾化したメルケルのもとでは、党内の保守系議員も居場所がなくなってしまった。巷の保守の支持者たちも途方にくれた。

そんなとき、彼らの目に飛び込んできたのがAfDだったのだ。ドイツでは、CDUの右側に政党はないといわれていたが、気がついたら、そこにAfDがいた。左傾化したCDUを不満に思っていた支持者たちが、ごっそりとそちらに移ってしまったのは、当然の成り行きだった（CDUの同会派であるCSUはCDUより若干右に位置するが、バイエルン州にしか存在しない党なので、全国規模の保守層の受け皿にはなれない）。

このあと、ＡｆＤのポテンシャルを正確に見抜いた既成政党やメディアが不安を覚え、徹底したＡｆＤ叩きを開始した。彼らは、民主主義のためにＡｆＤを排除しなければならないと主張したが、一方のＡｆＤも、民主主義のために戦っているらしかった。いまのドイツでは、民主主義という言葉が、バーゲンセールのように安っぽく飛び交っている。そして、どちらの言い分を信じるかで、国民もきれいに二陣に分かれていたというのが、九月の総選挙前のドイツの風景だった。

ちょうどそのころ、不思議な現象が起こっていた。ＣＤＵの人気が低調だったにもかかわらず、アンケートの対象となった人たちの九割以上が、現在の生活に満足していると答えていたのだ。しかも、その半数以上が、「首相を直接選べるとしたなら再びメルケル」。なぜか？

国民の不満のいちばんの原因が、メルケルの難民政策であることは間違いない。しかし一方でドイツ人は、「内実はどうであれ、メルケルのしていることは人道的には正しい」とも考えていた。つまり、メルケルが勇気をもって難民を受け入れたおかげで、自分たちは正しいことをし、世界に範を示せたという意識が根強くある。

ドイツ人の頭のなかではつねに、現実主義と理想主義が複雑に混交している。考えてみれば、メルケルは国際舞台で理想を高らかに謳い、ドイツの名声を高めながらも、一方では、海千山千の並み居る政治家たちと堂々と渡り合い、ドイツに多大な経済的利益をもたらしていた。そのような頼りになる政治家は、いまどこを見回しても誰もいない。「世界で最も権力のある女性」を首相に担ぐ誇らしさと実益が、難民政策の矛盾を押し隠していた。このアンケートほど、ドイツ国民のアンビヴァレントな感情を如実に表しているものはなかった。

「デュエットだった」と酷評されたテレビ討論

さて、選挙前の九月三日の日曜日の夜、メルケル対シュルツのテレビ討論が行なわれた。四つのテレビ局が同時に中継し、視聴率四五パーセント、視聴者一六一一万人(ドイツの人口は八〇〇〇万人弱)。百分間の、選挙戦のハイライトだ。

シュルツは一九五五年生まれ。二〇一七年一月末、SPDの党大会で党首に選ばれるまでは、二十年以上ずっとEUで活動してきた。ドイツの国政に携わった経験はない。つい最近まで、シュルツのことを知るドイツ人が少なかったのは、そのせいだ。

ドイツ語で一騎打ちはDuell(ドゥエル)という。そこで、この討論は「TVドゥエル」と呼ばれているが、終わったあと、ほとんどのメディアが「ドゥエルではなく、デュエットだった」と指摘した。和を尊ぶ文化のないドイツでは、これはシュルツの不甲斐なさに対する叱責《しっせき》である。

ドイツ人は激しい討論が大好きで、「感情的」「戦闘的」というのは、ドイツでは褒め言葉だ。普段の政治トークショーでも、日本人なら見ているのが苦痛なほどの血みどろの舌戦が好まれる。したがって政治家も、攻撃的な人物ほど評価が高い。理路整然と、相手に話す隙を与えないほどに攻め立てれば、さらに人気が上がる。

この選挙前の討論では、国民の多くが「死闘」を期待していた。挑戦者シュルツには、チャンピオンであるメルケルを窮地に追い込むチャンスがあると見られていたのだ。ところがシュルツはそれを棒に振り、せっかくの日曜日にテレビの前で待ち構えていた国民を退屈させた。この罪は大きかった。

翌日の新聞には、「敵同士が正面からぶつかるはずのテレビ討論で、メルケルとシュルツほど意見が一致したケースは稀だ」（『フランクフルター・アルゲマイネ』紙）という皮肉や、「唯一の討論なのにメルケルとシュルツは意見の相違なし。だったら、なぜ初めから大連立といわないのか?」（『デア・シュピーゲル』誌オンライン版）といった叱責。あるいは、「メルケルの安定した登壇、シュルツは有効打なし。挑戦者はお行儀のよさだけでは首相にはなれない」（『南ドイツ新聞』）などといった冷ややかな批判が載った。腹を立てた国民は、やむなく軍配をメルケルに上げた。

しかし、この評価はシュルツには少し酷だった。そもそもCDUとSPDは大連立していたわけだから、過去四年間に行なわれた政策は、すべて両党合意のうえのものといえる。挑戦者シュルツ氏がいくらメルケルを攻撃したくても、やりすぎれば、すべては自覚に降りかかってくる。そのうえ、この討論の時点では、まだ副首相も外相も法相も労働相も家庭相も環境相もみな、SPDが握っていたのだ。

しかも、ドイツの景気はここ数年、絶好調だった。税収は増加し、失業率は低い。こんな状況では、シュルツが再び貧富の格差問題を持ち出しても説得力に欠ける。貧富の格差は嘘ではなかったものの、それに対する有効な反論をメルケルが用意していることは確実だった。挑戦者にとって、これほどやりにくい土俵はなかった。

この夜、討論の六割もの時間が難民問題に割かれた。難民問題は治安と経済を脅かしているため、国民の関心は高い。ただ、活発な討議が行なわれたかどうかといえば、それも怪しかった。結局は両人とも、難民をいかに「民主的な方法で」祖国に戻すかということを、共同で模索していただけかもしれない。

反ＡｆＤの立場を隠さなかったテレビキャスター

いずれにしてもこの討論では、両党には枝葉末節の違いはあっても、根本的な対立はなかった。だから、茶の間の国民は「なんだ、次もまた大連立か」と思ったのである。

その二日後の九月五日、今度はドイツの第二テレビがトークショーを流した。テーマは、ドイツ社会に生じているさまざまな「亀裂」。

出演者は法相（ＳＰＤ）、国防相（ＣＤＵ）、緑の党議員、左派党議員、ＣＳＵ書記長、ＦＤＰ党員、そしてＡｆＤ代表と錚々《そうそう》たるメンバー。来る総選挙で議席をとるはずのすべての政党が勢揃いしたわけだ（ドイツでは、五パーセントの得票率に満たない泡沫政党は議席をとれない）。

この討論の見どころは、ＡｆＤが参加していたことだった。これまでＡｆＤがこうした席につくことは、ほぼなかった。ＡｆＤには平等な発言の機会が与えられていなかったし、ＡｆＤが参加するなら出席を拒否するという議員もいた。

しかし、選挙が迫っていたこの時点では、ＡｆＤの勢力がバカにならないことがわかっていたため、さすがに無視することができなくなっていた。そこで、ＡｆＤのアリス・ヴァイデル（女性）が論陣に加わった。とはいえ、このトークショーも、ヴァイデルに公平に発言の機会が与えられたとは、とても言い難かった。

そもそも司会の女性が反ＡｆＤの立場を隠そうとしなかった。また、出席者全員がヴァイデルを軽蔑し、あざ笑った。客席からも、ヴァイデルが発言するたびに何ともいえない非難の空気が立ち昇り、反対に、ヴァイデル批判の発言に対しては必ず拍手が起こった。観客が事前に選別されていることは明らかだった。

一時間と四分が経ったところでハプニングがあった。またもや発言を遮られたヴァイデルが、おそらくこれ以上戦っても無駄だと思ったのか、首を振り振り帰ってしまったのだ。トークショーの中座はかなりのインパクトだ。

しかし、それがまた茶化された。その直後に発言していた国防大臣に向かって、司会者がわざわざ、「もう少しこちらに寄ってください」といった。ヴァイデルのいた場所に隙間が空いたので、それを均《なら》すために、国防大臣に横へずれるよう促したのだ。国防大臣の女性は、一瞬驚いたように話を中断し、いわれたとおりに横に寄った。そして、これが会場の笑いをとった。おそらく司会者の思惑どおり。

その翌日、「ヴァイデルの退場は、効果を狙うために最初から計画されていたものに違いない」という憶測がネット上で出た。すると、それを国営放送である第一テレビのオンラインニュースが取り上げたのである。国営ニュースが巷の噂を拡散するようになったらおしまいだ。

ＡｆＤのなかには実際にネオナチと考えの近い人もおり、それは党内でも問題視され、対策も練られている。ただ、ヴァイデルは別に極論者ではなかった。また、ＡｆＤの選挙公約の経済政策や難民政策は、かなり筋が通っていたが、ドイツのメディアは、ＡｆＤの公約は絶対に報道しないので、国民はその中身も知らなかった。

その翌週には、ちょっとした事件があった。緑の党代表のジェム・オズデミル・オツデミア議員が、ＡｆＤをナチだと示唆したのだ（「ドイツ議会に再びナチが登場しようとしている」）。

ドイツでは通常、誰かをナチに喩《たと》えることはタブーだ。とくにヒトラーに喩えられると、たとえどんな大悪党でも怒り出すはずである。しかし、ＡｆＤをナチ呼ばわりすることは許されるらしかった。

いずれにしても、選挙戦は盛り上がらなかった。巷ではＡｆＤへの支持どころか、共感を口にしただけでも、ナチのレッテルを貼られる。だからみな、素知らぬ顔をした。政治論議ができないのに、選挙が盛り上がるわけがない。

結局、空疎なことしかいわないメルケルが強く、死闘を演じるシュルツが弱かった。しかし国民の本音はというと、十二年続いたメルケル政権には飽き飽きしていた。結局、見ものはＡｆＤしかなかった。ＡｆＤはこのままつぶされるのか、あるいはのし上がるのか。国民は涼しげな顔をしながらも、固唾を呑んで見守っていた。

「CDUが何を変えるべきなのか、わからない」

さて、選挙が終わって蓋を開けてみたら、意外な結果となった。ＡｆＤの伸びが予想以上だった。そして、安定していたはずのＣＤＵ／ＣＳＵが、なんと四人に一人の支持者を失い、第一党であったとはいえ、得票率を八・六ポイント下げ、史上最低を記録した。これが、メルケルの難民政策に対する国民の答えであることは、間違いなかった。

選挙結果は、一九七ページの図のとおり。

2017年総選挙

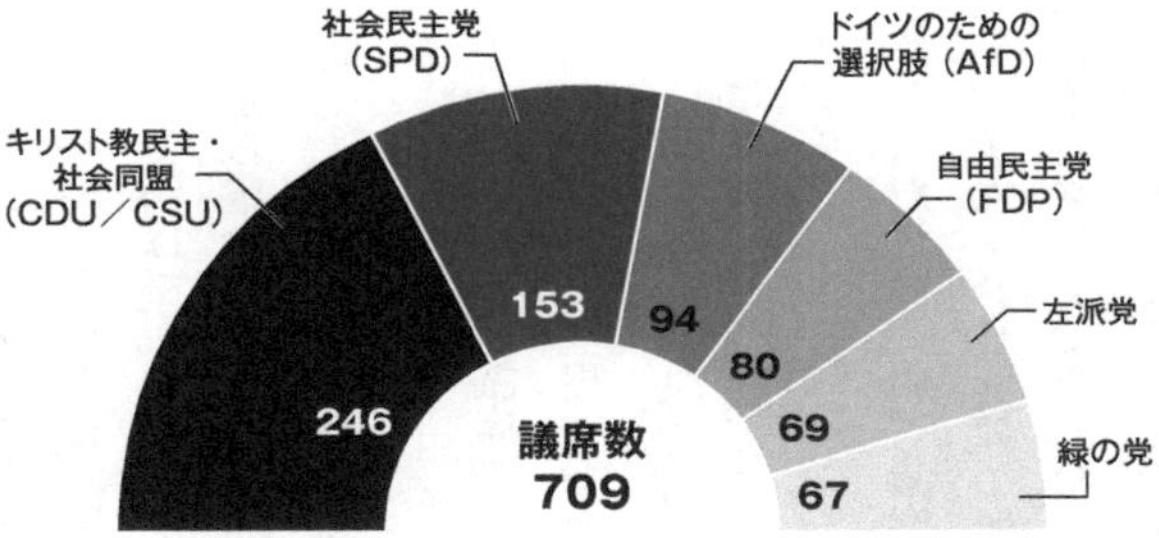

※選管発表から。基本定数598。規定で超過議席が認められ、
議席数は選挙ごとに変動する。

2013年総選挙

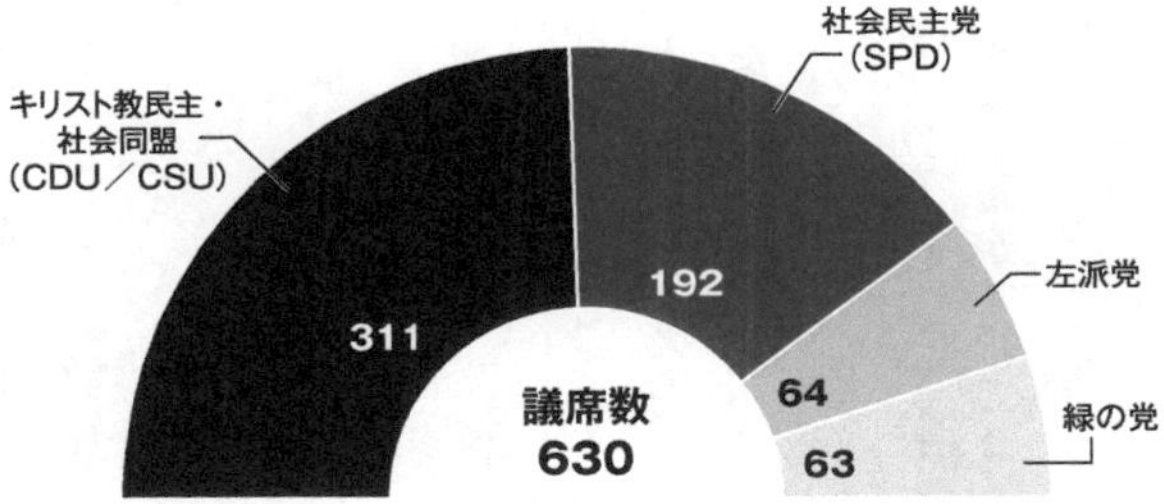

出所：『毎日新聞』記事などをもとに作成

ＳＰＤは、予想以上の落ち込みで、シュルツ党首が選挙の夜、ただちに下野を宣言した。この惨めな選挙結果の前では、彼には、大連立を蹴ることぐらいしか、果敢に前進しているように見せる方法はなかったのだろう。これからは野党の雄として、ＡｆＤという反民主主義勢力の手から議会を守る防波堤の役目を果たす！

そう豪語した途端、シュルツは気が強くなったのか、メルケルの無策こそが悪しきＡｆＤの台頭を招いたと攻撃した。

そのＡｆＤは、七〇九議席のうちの九四議席を確保し、ＣＤＵ／ＣＳＵ、ＳＰＤに次ぐ第三勢力にのし上がった。既成政党やメディアは、ＡｆＤが民主主義を壊すという警告を出しつづけたが、それは役に立たなかったのだ。とはいえＡｆＤとの連立を考える党は存在しないため、彼らは鬨《とき》の声をあげつつ、野にくだることになった。なお蛇足ながら、ＡｆＤの支持者が増えたからといって、私はドイツ国民がナチに回帰しかけているなどとは、まったく思わない。

投票の終わった日の夜中、議席の獲得が確実になった各党の党首が一堂に会し、国営放送である第一、第二テレビ共同の討論会が行なわれた（両チャンネルが並行でライブ放送）。もちろん、第三党抜きでやるわけにはいかないため、ＡｆＤのイェルク・モイテンが、メルケルやシュルツと並んで、その輪に加わった。

しかしいつものことながら、ここでもモイテンの扱いはひどかった。番組の冒頭で、各政党の代表に一つずつ質問を投げかけていったときも、司会者がモイテンに尋ねたのは、「AfDは一気に第三の勢力となった。連邦議会で初めての、CDU／CSUより右に位置する政党である。あなた方は、ここで何をしようとしているのか。これまでと同じく、大騒ぎとポピュリズムを続けるのか？　それとも建設的な野党になろうとしているのか？」

同席の政治家たちも、AfDの勝利を無視した。同じように票を伸ばしたFDPのクリスティアン・リントナー党首が、第三の勢力は自分たちであると主張し、「国家主義的な思想で、ドイツの孤立を願うAfDが第三党であるわけはない」といったときも、誰も反論しなかった。

モイテンは、出席者のなかで最年長だった。彼は侮辱的な質問にも真摯《しんし》に答え、悪口雑言を黙って聞いた。ときに反論すると、その発言中に大声で笑う女性の政治家がいた。AfDに侮蔑的な態度が認められているという状態は、九四議席をとっても変わっていなかった。

ちなみに、AfDの得票数の予想は、選挙前にはもう少し低かった。蓋を開けてみたら多かったということは、事前のアンケートに正直に答えなかった支持者がいたということだ。たしかに現在の状況ではAfDを支持すると、社会的な不利益を被る可能性がある。アメリカ大統領選のときも、多くの隠れトランプ支持者がいるといわれたが、同じ現象がドイツでも起こっていたのだ。

いずれにしても、ドイツの景気が絶好調ななかで、三〇〇万近い票がCDUを離れた。しかしメルケルは、その国民の気持ちも、あるいは色をなくしていたCDU議員の不安も認識していなかった。

選挙の翌日の会見で、事実、メルケルは「私たち（CDU：筆者註）が何を変えなくてはいけないのかが、わからない」といった。そして、少々戸惑った表情を見せながら、「これからも、昨日、一昨日、二週間前のやり方を変えることはない」と言い放った。このときが、メルケルの終焉が垣間見えた最初の瞬間だったといえる。

そもそも至難の業だった「ジャマイカ連立」

これ以後のドイツの政局は、知らないあいだに一つずつネジが外れていったかのように、少しずつ、しかし確実に混乱が広がりはじめた。

CDU／CSUは議席数が全体の三三パーセントを切っているので、どこかと連立をしなければ過半数が確保できない。いちばん簡単なのは、再びSPDと大連立を組むことだが、SPDは下野するというし、AfDは第三の勢力といえども、連立の相手とはなりえないため、自ずと連立の組み合わせの可能性は限られた。

メルケルに残されているのは、実質、CDU／CSU、FDP、緑の党の四党連立しかなかった（政党のシンボルカラーが黒、黄、緑なので、これをジャマイカの国旗になぞらえて、「ジャマイカ連立」と呼んだ）。

ところが、ジャマイカ連立の成立には多くの難題があった。それどころか、連立交渉に入る前に、すでに会派のCDUとCSUのあいだで、難民政策についての内輪揉めが起こっていた。

CSUというのはCDUと同会派の姉妹党で、先に述べたように、ドイツ南部のバイエルン州にだけある政党だ。そのバイエルン州はオーストリアと国境を接しているので、二〇一五年、一〇〇万人近い難民が流れ込んだとき、最も大きな困難を背負った。以来、この党はメルケルに厳しい難民政策を要求してきた。

CSUがとくにこだわったのは、難民受け入れに年間二〇万人という人数制限をつけることだった。CSUは二〇一八年十月、バイエルン州の州議会選挙を控えており、州民の利害に則った政策を必要としていた。そこでCSUは、受け入れ難民数の「上限」の設置を、CDUとの連立の条件として主張した。メルケルは、難民の受け入れ数の制限には、かねてより断固反対していた。

とはいえ、会派のあいだで揉めているようでは、自民党や緑の党との連立交渉は覚束《おぼつか》ない。再選挙は避けたいメルケルは、CSUに歩み寄るしかなかった。そこで妥協案としてCDUが考え出したのが、「上限（＝Obergrenze）は設けないが、その代わりに二〇万人の基準値（＝Richtwert）を定める」という案。早い話が、言葉のトリックだ。

つまり、基準値の二〇万人という数字には、CSUの主張した「上限二〇万人」の痕跡が明瞭である。だからCSUの得点。しかし「基準値」は「上限」ではなく、事情に応じて動かすことが可能なので、これはCDUの得点となり、つまり引き分け。

私には、これがよい妥協案には見えなかったが、彼らは満足していた。しかし言葉のトリックでは、根本的な問題は何も解決されない。

実際、緑の党と自民党を交えて四党での連立協議が始まると、この「基準値」が再び槍玉に上がった。緑の党は基本的に、来る難民はすべて受け入れるという方針だ。とはいえ、緑の党がこの連立成立にかける意欲も計り知れないほど大きかったため、彼らも「妥協」が必要となった。

そこで彼らが発明したのが、「呼吸するフレーム」という言葉。つまり、いちおう受け入れ人数に上限は設定するが、それは「呼吸する」ので、事情に応じて伸びたり縮んだりが可能というものだ。しかし、このアイデアはバイエルン州のＣＳＵに一蹴された。

結局、これらによってはっきりと見えたのは、どの党も優先しているのは自分たちのメンツで、それさえ保たれれば、難民の制限については誰も異存がないということだった。いや、それどころか、どうすればスマートに、民主的に難民を規制し、これまでやってきた政策のボロを出さずに済むかということに知恵が絞られていた。

連立交渉に参加していた四党のうち、ＦＤＰはいちばんまともなことをいっていた。ＦＤＰは前回の選挙で票を減らし、五パーセント条項をクリアできず、この四年間、議会から姿を消していた。つまり、現在起こっている難民政策にかかわっていなかったのが強みだった。保身のために現在の状況を正当化する必要がない。

これまでドイツ政府は、難民として入ってきた人たちを、なるべく早く労働市場に組み込むことを提唱していた。これも、難民受け入れを正当化するための一つの理由だが、しかし実際には、難民の労働市場への統合など、まだまったく機能していない。そして、近い将来も、それがうまく機能しないだろうことは明らかだ。

そもそも、現在のドイツがいちばん必要としているのは良質な技能者であり、単純労働者ではない。しかし、難民として入ってきた人々のほとんどは、技能労働者か単純労働者かという話の前に、まず、ドイツ語も、英語もできなかった。

一九五〇年代より南欧、そしてトルコから大量にドイツに入った労働者は、ほとんどすべてが単純労働者だった。当時のドイツがそれを求めていたからだ。しかし、彼らはドイツ語はできなかったが、少なくともアルファベットが読めた。トルコ語でさえ、表記はアルファベットだ。

ところがいま、中東やアフリカから入ってきた何十万の人たちは、アラビア語を母国語とする。だから、多くの人は、これからまずアルファベットを覚えなくてはならなかった。彼らが良質な労働力となるには、おそらく次世代まで待たなければならない。

それに対してFDPは、政治的な庇護を求めてやってくる難民の人道的保護と、産業界の求める労働力としての移民の導入は分けて政策化するべきだと主張していた。ドイツが必要とする労働移民は、別枠をつくり、違った基準で選んで入れるということだ。ちなみに、これはAfDの主張と同じである。

連立交渉の破綻を恐れて妥協案に逃げたメルケル

さて、ジャマイカ連立協議では、環境問題でも各党の主張は大きく食い違った。十月、環境省は、二〇二〇年がリミットの、「京都議定書の改正案」で定められたCO_2削減目標値が達成できないということを発表した。ただ、前々からわかっていたこの事実がこの時期に発表されたことに、私は不自然さを感じた。

すると案の定、メディアがそれを大々的に取り上げ、ドイツのCO_2の排出量が減らないのは、石炭火力発電所が動いているからだと示唆する報道が相次いだ。それは、二〇基の火力発電所を即刻止めるべきだという主張を連立協議で展開していた緑の党への援護射撃となった。

CO_2が減らない理由の一つが、石炭火力発電、しかも、石炭のなかでも質の落ちる褐炭を、多くの発電所が燃やしているためであるのは事実だ。ただ、彼らが褐炭を燃やすには、やむをえない事情があることは、第4章で詳しく触れた。平たくいえば、原発が減り、再エネが増えたせいで、電力供給が不安定になっており、それを調整するためには火力発電に頼らざるをえない。しかし、そのもととなっている「エネルギー転換」政策が歪んでいるため、電力会社の採算が悪化し、高い天然ガスではなく、安い褐炭しか使えないという事情があったからである。

ドイツのエネルギー政策は、見かけと中身がまるで違う。見かけを繕うために、どんどん中身が破綻し、その辻褄を合わせるため、信じられないほどの膨大なお金が注ぎ込まれている。しかし、CDUもSPDも、いまさらその悪循環から抜け出せない。とくに緑の党はあらゆる矛盾を無視して、CO_2削減のためには一日も早く褐炭火力発電を止めるべきだという主張を変えなかった。

その緑の党の主張に異議を唱えたのは、やはりFDPだった。FDPはリベラルな、現実的政治をめざす党で、党首のリントナーは三十八歳とまだ若い。小さな党だが、過去には与党の一翼を担うことも多かった。

FDPはまず、自由主義の市場において、政府の介入で特定の発電を止めたり、あるいは、補助金で優遇したりすることは避けるべきだと主張した。すでに現在、政治的理由で再エネ電気が促進されているため、特定の業者、および再エネ発電者は補助金のおかげで儲かっているが、そのための天文学的な額のお金は電気代に乗せられており、国民の電気代が天井知らずになりかけている。また原発を止め、火力発電を止めれば、電気の供給が不安定になる。そうなると、産業も圧迫される。ドイツのエネルギー政策は、国家経済から考えて採算の合うものに根本からつくり直さなければならない段階に来ている、というのが彼らの主張だ（ちなみにＡｆＤも、ただの資本移転となっている再エネ買取制度の停止、さらにCO_2を減らすため、脱原発を白紙に戻すことを提唱している）。

もちろんＦＤＰも、将来的には火力発電を徐々に減らし、再エネに切り替えていかなければならないことはわかっている。しかし一度に減らすことは無理だ。そこで、どうにか減らせる火力の量として、二〇二〇年までに3ギガワット、最高でも5ギガワットという数字を算出した。そして、それにＣＤＵとＣＳＵが同意した。

ところが、緑の党が反対した。彼らの主張は8～10ギガワット（およそ、火力発電一四基分）。これは、ＦＤＰと真っ向からぶつかったことはもちろん、はっきりいって非現実的だった。しかし連立交渉の破綻を恐れたメルケルが、妥協案として7ギガワットという案を出した。真ん中をとれば妥協案になると思っているところが、この首相の悪いところだ。そして、その無責任な妥協案を、こともあろうに緑の党が受け入れた。すると、メディアがそれを「緑の党が最大の痛みに耐えて妥協した」と褒め上げたのだ。これで難題「エネルギー政策」が「解決」したかのように見えた。

ところが、この無責任な妥協案をＦＤＰは受け入れなかった。「このような、電力供給を不安定にし、産業を脆弱にし、しかも国民に莫大な負担のかかる妥協案を、国家は選択してはならない」。

だが不思議なことに、ＦＤＰの主張の肝心なその点が、ほとんど報道されない！　その代わりに流されたのが、「産業寄り」のリントナーが褐炭火力発電所を視察し、炭鉱労働者の拍手喝采を浴びている過去の映像。これでは、ＦＤＰは温暖化や環境のことなど考えず、悪しき石炭業界と結託する「けしからん党」にしか見えない。

なぜＦＤＰ党首は絶望し、交渉を切り上げたのか

電気自動車に関しても同じだった。緑の党は、二〇三〇年からはガソリン車とディーゼル車の販売を禁止するように主張していた。近い将来、許されるのは電気自動車だけであるべきという意見だ。ドイツ政府が、以前から電気自動車の普及に力を入れていることは、すでに書いた。

この電気自動車の急激な振興についても、反対していたのはＦＤＰだった。彼らによれば、自由主義の国では、何がどれだけ生産されるかは、市場が決めるべきなのだ。しかも早急な火力発電の廃止と、電気自動車の拡大を両立させることは不可能だった。まもなく原発を停止し、そのうえ火力電気もなくて、電気自動車を何で充電するのか？「緑の党がもう少し現実的な政策を思いつくことを願う」とリントナーはいった。

そして、肝心のメルケルはというと、翌月に控えたニーダーザクセン州の州選挙を横目に逃げを打つばかりだった。ニーダーザクセン州はフォルクスワーゲンのお膝元で、下手なことをいうと、ここでも票を失ってしまうからだ。この優柔不断ぶりを目にした国民は、メルケルへの信用をさらになくした。ジャマイカ交渉は、こうして五週間近く続いた。

そして十一月十九日。ＦＤＰのリントナー党首が、ジャマイカ連立に伸《の》るか反るか、十八時までには結論を出すといっていた日が来た。ベルリンは冷たい霙《みぞれ》が降っていた。二十三時四十九分。会場となっていたバーデン－ヴュルテンベルク州の在ベルリン公館から、ようやくリントナーが現れ、待ち構えていた報道陣の前に立った。

リントナーの発言は、まさに爆弾だった。

「そう、みなさん」とリントナーは始めた。

「私たちFDPはここ数週間、税制、EU政治、移民や教育の問題について数々の妥協案を出してきました。なぜなら私たちは、政治は、補い合うことによって行なわれるということを知っているからです。また、一一パーセント弱の得票率しか得ていない党が、我が国の進む方向を定めることができないことも知っています」

「しかし、これだけの時間がすぎたにもかかわらず、今日、私たちの前にあるのは、多くの矛盾や、未解決の問題、不一致な目標しか書かれていない覚書でした。しかも、一致したことといえば、すべて国民の莫大なお金で買い取ったものか、かたちだけの妥協でつくったものでした」

「私たちは、CDU、CSUと我々FDPのあいだでは、それがたとえ大きな溝であっても乗り越えられるだろうということがわかりました。新しい政治的な、そして人間的な歩み寄りが育ったのです。しかし、今日はまるで何も進まなかった。何の新しい歩みもなかったのです。それどころか後退さえしました。ようやくできていた妥協までが、もう一度ひっくり返されたのです」

「来年、ドイツで、ヨーロッパで、そして世界で何が起こるかわかりません。なのに、これだけの長時間、必死で取り組んでも、この四党が将来の共通の計画を編むことができないなら、これから起こる未知のことにうまく対処していくための前提はないといえます。私は誰のことも非難するつもりはありません。しかし、私たちも、私たちの原則と、私たちの姿勢を守ります」

「生き生きした社会のなかでの個人の自由、それを守るのが私たちの務めです。しかし、それがこの覚書のなかに十分に表現されることはありませんでした」

「ＦＤＰは新風を持ち込むために選ばれました。しかし、この覚書を見た人は、気づくでしょう。ここにはやる気などない。ただ実現可能な、節度のあるものが並んでいるだけだということに。私たちは新風を持ち込むために選ばれました。しかし、それは達成できませんでした。教育行政においても、国民の負担を軽減するという目標においても、社会をもっと柔軟なものにする試みも、そして、市場経済の強化においても、制御された移民政策の導入についても」

「この覚書の真髄となっているものに、私たちは責任を負えないし、負うつもりもありません。それどころか、ここで討議された多くのことは、有害であると思っています。私たちは、自分たちが何年もかかってつくり上げてきた基本的政策を手放すように強制されました。私たちは、根本のところで納得できない政治に加わり、国民を見捨てるわけにはいきません。

与党となって間違った政治をするよりも、政権に加わらないほうがよい。さようなら」

そういって、リントナーは立ち去った。簡潔で筋の通った態度だった。四週間以上の協議の末、四党連立は決裂したのだ。あとには凍えた報道陣が残された。

公然と党首を批判したSPD、CDUの青年部

そのあと、何が起こったか。翌日から、大々的なバッシングが始まったのだ。

しかし、まず不思議だったのは、大手のメディアは協議の行なわれていた一カ月間、なぜジャマイカ連立ありきの報道を続けてきたのかということだ。国民はほんとうにジャマイカなどという、混乱したパッチワーク政権を望んでいたのか？

ニュースには、「ジャマイカの初会合：破局は厳禁」（第一テレビ）とか、「緑の党員がメルケルを『シェフ』と呼び、みな、爆笑」（『ディ・ヴェルト』紙）とか、「連立交渉　彼らを結びつける一二のテーマ」（『フランクフルター・アルゲマイネ』紙）といった見出しが並んだ。あたかもジャマイカ連立が国民の要望であり、何が何でも成立させなければならないといわんばかりだった。リントナーはのちに、未解決の争点が二三七項目もあったといった

が、そんなことはいっさい報道されなかった。

ジャマイカ連立は破綻した。それにより、すっかり入閣できると舞い上がっていた緑の党が、議会でいちばん小さな一政党に舞い戻ってしまった。FDPがジャマイカ連立を抜ける原因が、多かれ少なかれ緑の党との衝突にあったことは、リントナーの言動から明らかだ。

つまり、ジャマイカ連立の破綻は、メディアを味方につけた緑の党の自信過剰にあったともいえるが、それだけに緑の党はFDPを恨み、緑の党を援護射撃していた大手メディアもリントナーをサンドバッグにした。リントナーは一晩のうちに、国民の利益を無視し、妥協をせず、固まりかけていた連立をぶち壊した張本人となった。

このあと、第二テレビでリントナーのインタビューがあった。インタビュアーは、マリエッタ・スロムカという名の有名な女性キャスターだったが、徹頭徹尾、以下の調子だった。

「CSUのホルスト・ゼーホーファー党首でさえ、緑の党と妥協点を見つけられたのに、あなただけができなかったのか？」

「国民の三分の二は、連立政権を望んでいた。五五パーセントは、それが叶わなかったのはあなたのせいだといっている！」

リントナーは冷静に対処していたが、「我々の政策がまったく通らなかった」といった途端、スロムカは、「交渉が下手だったのだ。たった一〇パーセントしか支持率がないくせに、なぜすべて思いどおりになると思うのだ?」と言葉を返した。そして「最初からつぶす気でやっていたのだろう」と罵倒の言葉をぶつけた。見ていて、気分が悪くなるほど攻撃的なインタビューだったが、それから二カ月後の一月二十六日、彼女はドイツ・テレビ賞の司会部門の最高賞を受けた。ドイツ人の好感度の尺度は、私のそれとはだいぶ違うようだ。

さて、この連立が壊れた結果、いちばん困ったのは、間違いなくCDUだった。しかも再選挙はCDUだけでなく、CSUもSPDも嫌っていた。一時は、CDU/CSUと緑の党で過半数割れの政権を立ててはどうかという話まで出たほどだが、これはさすがにメルケルが拒否した。そんなことをすれば、さらに政局が混乱するだけだ。

そこで、ドイツのためという大義名分のもと、下野したはずのSPDに改めて白羽の矢が立てられた。すると、本来なら政治には介入しないはずのシュタインマイヤー大統領までが出てきて、三人の党首に向かって、大連立に向かって努力するようにハッパをかけた。ちなみにシュタインマイヤーは、かつて首相候補としてメルケルと戦い、敗れたSPDの政治家だ。

困ったのはシュルツだった。あれほどはっきりと、メルケル政治への対決姿勢を打ち出してしまっている。党内には、過去四年の大連立のあいだにメルケルに取り込まれて、ボロボロになったという忸怩《じくじ》たる思いが蔓延していた。党のカラーはなくなり、主張することもなくなった。これからまた四年、メルケル政権の延命のために努力するなら、まもなくSPDは存在意義すらなくなるかもしれない。だからこその対決姿勢なのだが、連立を拒否して、その結果、再選挙になれば？　再選挙は自党にもっと大きな破局をもたらす可能性が高い。彼は深いジレンマに陥った。

そうするうちにSPDの幹部のあいだでは、「政権を安定させることがドイツへの貢献である」と、大連立を擁護する声が高まってきた。前政権でのSPDは、外相、副首相はもちろん、多くの主要ポストを占めていた。これを棒にふりたくないと思う幹部がいるのも、当然のことだ。

一方、SPDの青年部は大連立に強く反対していた。血気盛んな若者たちは、これ以上、メルケルの陣門のもとで骨抜きにされることはやめて、野党として堂々と存在感を示し、次の選挙で首相の座を勝ち取ろうと意気込んでいた。党内の意見は真っ二つに割れた。

興味深いことに、CDUの青年部のほうも、大連立一色の幹部とは違った動きを見せていた。彼らは、自分たちの党首であるメルケルに向かって、激しい批判を繰り広げた。十月に開かれた青年部の年次総会では、メルケル退陣を呼びかけるプラカードをもつ青年まで現れた。

CDUでもSPDでも、若い人たちは、しがらみが少ないだけに大胆だった。青年部には政治に興味のある若手が集結しており、彼らは、学業や職業の傍ら、政界の二軍選手のような感じで、政治家をめざして切磋琢磨していた。こうして揉まれ、鍛えられ、最後に残った若者が、そのうち政界にのし上がってくる。

これを見ると私はいつも、ドイツの政治家の卵たちの頼もしさ、そして政治家の層の厚みを感じる。ドイツ、そしてヨーロッパの議会に、政治のプロが集まっているのは、決して偶然ではない。

「転向」後、シュルツの支持率は大暴落した

結局、大連立の交渉に入るかどうかということを三党で協議するいわゆる前段会議が、一月七日に五日間の予定で始まった。大連立が成立しなければ惨めなことになるのは、CDUも、CSUも、SPDもみな同じだった。つまり、この三党を結束させているのは、再選挙

の恐怖だけだったといえる。再選挙をして伸びそうな党は、AfDしかないというのが、こ のときのドイツのシビアな現状だった。

十一日の夜に終わる予定だった会議は延びに延び、三党の党首が揃って記者団の前に現れたのは、翌日の午前十一時だった。三人は、徹夜明けとは思えぬほど爽やかな表情で、大連立の正式協議に入ることを決めたと発表し、来るべき新政権に対する抱負を語った。CSUのゼーホーファーは、「協議の結果に非常に満足」。シュルツは、「我々は素晴らしい結果を導いた」。そしてメルケルは、「幸せで満足」「新しいヨーロッパの始まり」といった。みながそれぞれ自作自演の合意を褒めちぎり、ドイツのため、ヨーロッパのためという大言壮語で飾り立てた。

しかし、すでにこのころ、国民の多くは、この見え透いたドタバタ劇に愛想を尽かしていた。五日間行なわれていたのは、保身、延命、言葉の辻褄合わせ、そして、それぞれ自党の党員に向かってのアピールにすぎなかった。案の定、SPDの党内では、まもなく怒りの声が上がった。この前段会議で三人が合意した項目には、SPDの挙げていた政策がほとんど反映されていなかったからだ。「このような条件で連立交渉には進めない！」。

青年部の代表キューナートがすぐさまツイートした。「シュルツとゼーホーファーのどちらもが、協議の結果が素晴らしいというなら、どちらか一人が間違っているはずだ」。九月の時点で下野を宣言していたシュルツだ。連立に向かって努力すればするほど、それが「転向」に見えることは仕方なかった。シュルツの人気は大暴落した。

そのあとSPDは、大連立の正式交渉をほんとうに開始するべきかどうかを、一月二十一日の臨時党大会に諮ることになった。六四二名の全国代表によるこの票決は、SPD党史に残る運命の決断だったといわれる。

採決の結果を待つあいだ、みなの顔がこわばった。SPDにとって、どちらに転んでも明るい未来などない「ペストかコレラか」といわれた選択である。その結果、骰《さい》は連立交渉の開始と出たが、その瞬間、会場は罰則ゲームに当たったかのごとき陰鬱さに包まれた。歓声もなく、拍手もまばら、笑顔さえなかった。口さがない野党は、「歴史的失敗」「自己欺《ぎ》瞞《まん》のフェスティバル」とコメントした。

とにかく、こうして一月二十六日、CDU/CSUとSPDの正式な連立交渉が始まった。ドイツは一刻も早く政権を樹立しなければならなかった。現在、政府はそのまま業務を継続はしているが、しかし、国会で席についているのは二〇一七年九月に選ばれた新議員というねじれた状況だ。第三期メルケル政権は、五五五の法律を通したが、この四カ月、可決された法律はゼロだった。政治の空白期間がこれ以上長引くと、ドイツ国内だけではなく、EUでの権力にも翳りが出る。しかし、いろいろな意味であれほど絶好調に見えていたドイツが、政権樹立にこれほど手間取り、窮地に陥るなどという図を、選挙前は誰が想像しただろう。

まもなく、メルケルの時代が終わろうとしている

二〇一八年二月七日、大急ぎで行なわれたCDU／CSU、SPDの連立交渉が終わった。お昼ごろ、メルケル、シュルツ、ゼーホーファーが記者団の前に現れ、大連立正式合意を発表した。そして、新政権がドイツ国民にいかに多くの利益をもたらし、また、いかにドイツの、さらにはヨーロッパのためになるかということが、高らかに謳い上げられた。

しかし、新政権はいちおう大連立と呼ばれているが、三党はいずれもすでに満身創痍だ。ドイツの政治はジャマイカの四党連立交渉が決裂したあたりから、少しずつ狂いはじめていた。輸出は世界一、プライマリーバランスも毎年黒字であるにもかかわらず、華やかな外見とは裏腹に、国の内部には多くの矛盾がくすぶっていた。そして、それがいま突然、みなの目に見えはじめたのだ。

この日、連立合意が叶ったにもかかわらず、ホッとした空気が漂わなかったのは、じつは、ほかにも理由があった。SPDには特殊な慣習があり、この連立協定をほんとうに締結してよいか、党員全員に諮らなければならないからだ。

つまり、SPDはこれから全国の四五万人の党員に投票用紙を郵送し、戻った票を集計する。四年前の総選挙では、この作業に三週間かかった。

SPDでは、連立交渉の始まる前から反対意見が非常に強かったことはすでに書いた。反対勢力の先鋒であった青年部は、こともあろうに、反対票を増やすという目的で、新規党員を募るキャンペーンまで張っていた。スローガンはずばり、"Tritt ein, sag nein!"（入党してノーといおう）。そしてそれが功を奏して、わずか二カ月ほどで二万五〇〇〇人もの新規入党者が集まり、反乱組は沸いていた。

もしこの投票でノーとなれば、SPDは連立に踏み切れない。そもそも、たった四五万人のSPD党員の思惑でドイツの国政が左右されるというのもおかしな話だが、それはさておき、そんなことになったら、シュルツはもとよりメルケルが窮地に陥ってしまう。

そこで何が起こったか。この十日ばかりの正式な連立の交渉中に、メルケルは思い切りSPDに歩み寄ったのだ。発表された共同施政方針にはSPDの言い分が大幅に取り入れられ、そのうえＳＰＤは、労働・社会省、外務省、財務省、家庭省、法務省、環境省という六つの省を手にした。ＣＳＵが内務省、交通省、経済協力省の三つ。肝心のＣＤＵは、国防省、経済・エネルギー省、保健省、教育省、農業省の五つのみ。そして首相府の長がメルケル。

ちなみにＣＳＵの内務省は、メルケルからの大きなプレゼントだ。ＣＳＵは、これまで難民政策でつねにメルケルと対立してきたが、これにより、難民政策はＣＳＵに委ねられたということになる。以後、厳しい難民政策が敷かれても、それはＣＳＵのせいであり、メルケルの「人道」は傷つかない。ＣＤＵは伝統保持と保守色を強調するためか、内務省をさっそく「ふるさと省」に改称するという。

しかし、いちばんの問題は財務省だった。お金の配分は国政を根本から左右する。しかし、首相にとどまるために、何が何でもＳＰＤ党員の「イエス」票が必要だったメルケルは、財務省を生贄《いけにえ》にした。それはすでに「なりふりかまわず」というレベルだった。それを知ったＣＤＵの議員のショックは大きかった。そして支持者も失望した。「いくら権力維持のためとはいえ、ここまで党の精神を踏みにじれるものだろうか？」。

一方、シュルツは得意満面だった。これで四五万人の党員も文句はあるまいと思ったらしく、彼は異例の爆弾発言に及ぶ。「私は新内閣で外務大臣になる。ＳＰＤ党首の座はナーレスに譲りたい」。

アンドレア・ナーレスは、第三期メルケル政権で労働大臣を務めた四十七歳の女性議員だ。SPD青年部からの叩き上げで、党員の信望は厚い。実力もある。難関である党員投票を無事に切り抜けるためには、彼女の投入は良策だ。

しかし、シュルツが外相？　そもそもシュルツはCDUとは連立しないといっていた。その前言を翻したのは、状況の変化もあるので仕方ないにしても、自分がメルケル政権で入閣することだけは絶対にないと、つい最近まで広言していた。それがあっさり反故にされているばかりか、現外相であるガブリエルを押しのけての独善人事だ。これには、みながあっけにとられた。

ガブリエルは、元外相のシュタインマイヤー（SPD）が二〇一七年三月に大統領に就任したとき、その後任として外相となった。それは、シュルツがガブリエルの後任として党首になることと交換だったといわれている。そんな取引があること自体も問題だが、しかしいま、シュルツは何も意に介していなかった。そればかりか、ガブリエルを新政権のどの大臣としても取り立てないつもりらしかった。

ガブリエルとナーレスが犬猿の仲であることも相まって、これはスキャンダルであるという認識が、瞬く間にドイツ中に広がった。焦ったSPDの政治家たちは、シュルツの過去のEU議会でのキャリアを引き合いに出しながら、朗らかな表情でこのおかしな人事の弁解に懸命となった。

一方、ガブリエルは堂々とシュルツ批判を始め、対決姿勢を露《あらわ》にした。結局、国民のため、ドイツのため、ヨーロッパのためといいながら、誰もそんなことを考えている風はなかった。

それからわずか二日後の九日の午後、突然、シュルツが外相を断念というニュースが駆けめぐった。ここに至って、ドイツの政治はめちゃくちゃになった。前日、朗らかな表情でシュルツを擁護していた政治家たちは仏頂面になった。「撤回の、撤回の、また撤回では、地元の有権者をどう説得すればいいのか、もうわからない」とある女性議員は苦々しげに語った。

シュルツは再起不能だった。EU議会の議長を辞めて国政に移り、SPDの希望の星として、一〇〇パーセントというありえない得票で党首に選ばれたのは、わずか一年前のことだった。それ以後、ジェットコースターのように急上昇と急降下を繰り返し、二月十三日、その党首の地位も辞任した。まもなく彼はボロボロの一議員にすぎなくなる。

CDUも穏やかではなかった。これまで押さえつけられてきた反メルケル派が、じんわりと浮き上がってきそうな雰囲気だ。「メルケルは自分の権力維持のために党を売った」という論評が、ほとんどのメディアを占めた。事態は混沌としている。しかし、一つだけわかっていることがある。メルケルの時代は、まもなく終わろうとしている。

終章　理想を追い求めても自由は手放すな

規制法施行後、民衆扇動罪で起訴されたAfD議員

二〇一八年一月一日は、新法律、SNS規制法が施行された第一日目だった。その日、AfDのベアトリクス・フォン・シュトーヒ議員が発信したツイートが、早速削除された。

繰り返しになるが、SNS規制法は、二〇一七年六月三十日に可決された、インターネット上の「フェイク（嘘）」や「ヘイト（誹謗中傷）」を取り締まるための法律だ。対象になるのは、ドイツのIPアドレスの登録数が二〇〇万以上のSNS。フェイスブックやツイッター、ユーチューブなどがこれに当たる。

この法律により、これらのSNSでは、自社のサイトのポスティングが「フェイク」や「ヘイト」に相当するという通報があった場合、それを審査し、二十四時間以内に削除しなければならなくなった（判断が難しいものに限っては七日以内）。それを怠ると、最高五〇〇〇万ユーロの罰金が科せられる。

ただ、問題は、「フェイク」や「ヘイト」の基準があまりにも曖昧なことだ。いったいどこまでが「表現の自由」で、どこからが「フェイク」、あるいは「ヘイト」となるのかが、

わからない。意見か、挑発か、侮辱か、皮肉か、箴言《しんげん》か、風刺か、それとも「フェイク」か、「ヘイト」か？　そして、誰がそれを決めるのか？　しかも、その判断が民間企業に押しつけられており、いうなれば、民間企業が「検閲」を代行する仕組みとなっていた。

いずれにしても、この法律はＳＮＳ企業に科せられる罰金が極端に高く、問題のポスティングの審査のために与えられた時間は、極端に短かった。だから、通報されたポスティングはどんどん削除されるだろうと、施行前から懸念されていたのだ。

そして案の定、さっそく初日に多くのポスティングが消えた。ちなみに前述のＡｆＤのシュトーヒのツイートの内容は、「この国は破滅？　ノルトライン＝ヴェストファーレン州の警察の公式ツイートサイトに、なぜアラビア語？　野蛮な、イスラム教の、集団暴行を働く男の群れを、これでなだめられると思っているの？」というものだった。

ノルトライン＝ヴェストファーレン州の警察は、大晦日に、夜空に花火が舞うケルンの美しい夜景の写真とともに、市民に向けてドイツ語だけではなく、アラビア語でも新年の挨拶を発信していた。ケルンといえば、二〇一五年の大晦日に、難民が何千人も集まり、集団婦女暴行を働いた街だ。

もちろん、シュトーヒのツイートの内容には賛同できない。とはいえ、彼女はうっかりこのツイートを発信したわけではない。SNS規制法の反応を見たかったに違いない。そして予想どおり、彼女のツイートはあっという間に削除された。

ところが、事はそれでは終わらなかった。ケルン警察がシュトーヒを「民衆扇動罪」で起訴したからだ。私はこのツイートの内容に賛同はしないが、一人の民衆として扇動された気はしない。

すると、この警察の動きに、今度はある弁護士が反応した。彼によれば、シュトーヒのツイート内容は彼女の意見であり、表現の仕方に多少問題はあったにせよ、民衆扇動罪ではありえない。ドイツでは、十分な証拠もなく人を訴えれば、これも罪となる。そこで、彼はただちにケルン市警の総監と、市警内の情報提供者を起訴したのである。これが一月二日のことだった。

そのあいだに、おかしなことが起こっていた。シュトーヒのツイートを告発する電話やメールが、雪崩のように警察に届きはじめた。彼女のツイートが、多くの市民がわざわざ警察に届けるほど人々を憤らせたり、あるいは人々の心にショックを与えたりしたとは思えない。

なお、ネットから削除されたのは、もちろんそれだけではなかった。アカウントがブロックされてしまった風刺雑誌もあった。また笑い話のようだが、この法律をつくったマース法相も、過去の書き込みを削除され、赤恥をかいた。

マースは七年前に、ＳＰＤの政治家ティロ・ザラツィンを、ツイートで「バカ」と罵っていた。ザラツィンは右派の言論人としても有名で、二〇一〇年、ドイツの移民政策を痛烈に批判した著書『ドイツが消える（Deutschland schafft sich ab）』がベストセラーになったが、前身はドイツ連邦銀行の理事だ。つまり、ドイツのエリート中のエリートで、たとえ法相といえども、彼のことを「バカ」呼ばわりするには無理があった。

ただし、私はこのマースの書き込みに関しても、目くじらをたてるつもりはない。他人を「バカ」と罵ることがよいとは思わないが、では「バカみたい」はいいのか？　それに、誰かが誰かのことを「バカ」と罵ったからといって、それを読んでそのまま信じ込むほど、国民は「バカ」ではない。

そうするうちに六日には、ＦＤＰと緑の党と左派党が、あらためてこの法律の破棄を要求しはじめた。さらに七日には、もともとSNS規制法の制定に大反対していたドイツ記者連盟も、「消えてしまった大連立になおも妄従し、めちゃくちゃな法律を守る意味はない」「今後のために結論を出す時期が来た」と宣言した。しかし、一度制定した法律を破棄するのは、けっこうハードルが高いはずだ。

法案の真意はおそらく政府批判を封じ込めること

序章で触れたが、ＳＮＳ規制法は、二〇一七年の夏休み前の最後の国会で、大慌てで通した法案の一つだった。そして、この法律の真意は、政府に対する批判を封じ込めることではないかと私は見ている。しかし、そこまでして封じ込めなければならない批判とは何か？それこそが難民政策とエネルギー政策に対する批判ではないか。

この二つはいうまでもなく、メルケルが断行した政策で、そのどちらもが基本法やその他の法律に違反している疑いが濃厚なだけではなく、将来のドイツ国の存亡にかかわる重大な過ちだ。しかも有効な修正がなされないまま、現在はその失敗を覆い隠すためだけに膨大なお金が注ぎ込まれ、将来もそれが継続する予定である。

この政策が、いかに現在と今後の国益を蝕むのか、その実体を国民が知ったなら、たいへんなことになる。もちろん、いまでも真実を知っている人は少なくないが、これまでメルケルは、それが表に噴出しないよう、制御するに足る権力をもっていた。

おそらくメルケルが四選を決意した背景も、もし権力の座を離れてしまえば、これらの失政の実体が暴かれる危険性が高いと判断したからではないか。それは、メルケルの退陣を栄光ではなく不名誉に変えてしまう。かつての恩人コールが、不正献金事件で惨めに政界を追われたように。

だからこそ、彼女は是が非でも首相の座に残り、自らの手で、この二つの政策を守りつづける必要があった。おそらくこれから四年のあいだに、これらをうまく誰かに手渡し、きれいに引退する方法を考えているのではないか。メルケルの第四期政権の終わりは二〇二一年で、脱原発のリミットは二二年だ。

ところが、番狂わせがＡｆＤの台頭だった。そもそもＡｆＤは、難民政策を批判してここまで伸びた。またエネルギーでも、原子力の平和利用を進めるべきだと主張している。メルケルにとっては幸いなことに、政府とメディアが一体となって繰り広げているＡｆＤのネガティブキャンペーンが功を奏しているが、これからはわからない……。

当時、ＡｆＤが次の国会で議席を手に入れることは、すでに予想されていた。それどころか、最大野党となるやもしれなかった。いまのうちに彼らの力を削がねばならない、とメルケルは思ったはずだ。難民政策とエネルギー政策に対する批判が、国民のあいだに拡散しないよう、たとえ言論の自由を歪めてでも、批判は封じ込める必要がある。

ＡｆＤの発信の場は、現在はほぼ、インターネットに限られている。大手メディアがＡｆＤを無視しているからだ。そこでＡｆＤの口を塞ぐには、ＳＮＳのプラットフォームを制圧すればよい。そこで出てきたのが、ＳＮＳ規制法だったのではないか。しかしＡｆＤが議場に座ってからでは、この法律は通せなくなる可能性がある。だから二〇一七年の夏、ＣＤＵとＳＰＤの大連立政権の最後の国会で、ギリギリで通した。

そもそも、このような法律がドイツという民主主義国で可決され、そのプロセスが力ずくで押し通されたことが、いまだに私は信じられない。

ひょっとすると、メルケルは理想の世界をつくりたいという純粋な思いをもっていただけかもしれない。だが仮にそうだとしても、そして、私の推測がすべて間違っていたとしても、この法律が、異なった意見を封じることに使われる可能性があるというのは事実だ。だからこそ、多くの人々が反対しているのである。

民主主義を守るための言論統制は正しいのか

ドイツには、「戦う民主主義」という考え方がある。かつてヒトラーが、民主主義の手続きに基づいて、民主主義を廃止していったことへの反省から、「民主主義の廃止につながる自由」だけは認めないという考え方だ。つまりドイツ国民には、民主主義を否定する権利や自由は認められていない。民主主義を壊す価値観は悪であり、それには不寛容でなくてはならない。ドイツの政治家やメディアがAfDをつぶそうとしているのは、その精神に則っているだけかもしれない。つまり、彼らは正しいことをしているわけである。

ドイツサッカーのブンデスリーガ第一部には、選り抜きの一八チームが競っている。そのチームの一つ、アイントラハト・フランクフルトの後援会長が二〇一七年一月、「後援会にAfDの支持者は入れない」と言い出し、ヘッセン州（フランクフルトはヘッセン州に属する）の緑の党やSPDの議員が、それを賞賛するという出来事があった。さらに、ハンブルガーSVの後援会長も、次の総会で同じ動議を提出する予定だという。

後援会長らはその理由として、多くの人々がナチの台頭を見過ごした時代を引き合いに出した。いま、勇気を出してノーといわなければ手遅れになる！　それに対してAfDもやはり同じ時代を引き合いに出し、ドイツ人が店頭に「ユダヤ人お断り」の紙を貼り出して異教徒を迫害した時代を思い出すといった。

つまり両者は奇しくも同じ例を挙げ、まるで反対のことを主張したわけだ。おそらくサッカーチームの後援会長らの意見、「民主主義の価値観を共有できない人間は仲間に入れない」というのが、「戦う民主主義」に基づく現在のドイツの「正しい意見」なのだろう。

そうこうするうちに二〇一七年二月になって、ヘッセン州のAfD議員が試しに申請していたアイントラハト・フランクフルト後援会への入会が、ほんとうに拒絶された。AfDはれっきとした公認政党なので、もう一つ腑に落ちない。ヒトラーの党も公認政党だったといわれればそのとおりだが、いま実際問題として、何が民主的で、何が非民主的なのか。また、こうしたかたちで「民主主義」を実践するのがスポーツ界の役目なのかどうかも、私にはよくわからない。

ドイツでは、ほかにも不思議なことが進んでいる。ここまでに繰り返し述べてきたSNS規制法可決の直前、当局が容疑者のコンピューターやスマホなどにスパイソフトを仕掛けることを認める法律が可決された。これは、本人が知らないうちに、テキストや写真はもとより、銀行や納税のデータまですべて筒抜けになるというから、合法的なハッキングといえる。もちろんファイアーウォールも役に立たない。

しかも、政府はこの法律を、国民のあいだで議論になることを避けるため、まったく違う法律に付加させる体裁で、しかも緊急議題の扱いで参院を迂回し、強引に通した。このときのドイツ経済ニュース（DWN）のオンラインページでの見出しはズバリ、「連邦議会、個人のコンピュータへのスパイ行為を緊急手続で可決」。

ドイツでは、どうも言論統制が進んでいる気がしてならない。民主主義にとって非常に危険な兆候だ。しかもそれが、民主主義を守るためという大義のもとで静かに行なわれるなら、〝いつか来た道〟になってしまう。

正しい答えが一つになったとき、誰かにとって理想の社会が完成する。それは全体主義にほかならない。そうなってからでは遅いのだ。

自由の意味が、いまほど問われている時代はない。第二次世界大戦後、ドイツと日本は同じ敗戦国として、そして、同じ自由主義の経済大国として、紆余曲折を経ながら、つねに民主主義の意味を問いつづけてきた。しかしいま、世界が混沌とし、意見が極度に多様化するなかで、その作業はどんどん複雑になっていく。

日本人は、幸か不幸か、ドイツ人ほど理想の追求に熱心ではない。出る杭は打たれる社会ということもあるだろう、理念を唱えて世界の人々を感動させようという野心もない。ただ、かえって反対に、ぼんやりと現状に浸っているうちに、貴重な平和や自由や豊かさが、指の隙間からポロポロとこぼれ落ちてしまう危惧を、私は感じる。

民主主義を、異なる意見を尊重しながら、誰をも抑圧することなく、いかにして実現するのか。そのなかで自由の価値をどう守り抜くのか。平等とは何か。それを考えることをやめてはならない。

そして、ドイツの求める理想は、いったいどこへ行き着こうとしているのか。彼らの苦闘は、私たち日本人にとっても大きな示唆となるはずだ。

おわりに

ドイツに渡ったきっかけは、音楽の勉強だった。滞在二～三年のつもりが、もうすぐ三十六年になろうとしている。その昔、学校を卒業し、ドイツに家庭を構え、ピアノの生徒を教え、子育てに追われ、ニュースなど新聞の見出ししか見ていなかったころは、振り返れば、幸せな日々だった。打って変わっていまでは、ドイツ人より克明にドイツ政局を追う毎日だが、どうも政治というのは、知れば知るほど心が休まらなくなるものだ。そのうえ、フェイクニュースに騙されないぞと気負っていたりするので、とてもくたびれる。

そんななか、私にとっての楽しみのハイライトはオペラ鑑賞だ。シュトゥットガルト歌劇場は伝統に溢れ、歌手やオーケストラのレベルも抜群だが、何といっても演出が面白い。オペラは歌詞と音楽は不変でも、演出だけは変幻自在だ。そして、シュトゥットガルトのそれはドイツの歌劇場のなかでもとびきり前衛的なので、いつもわくわくする。

ドイツ人の演出家は、耳慣れた音楽と、目から飛び込んでくる光景のあいだに、とんでもない相反や矛盾や不調和をつくり出すことが上手だ。従来とはまるで違った解釈が組み込まれ、悲劇が喜劇に化けたり、政治的な批判が試みられたりする。いままでのイメージがガラガラと崩れて、居心地が悪い。ところが気がつくと、いつの間にか古風な物語が生き生きと息づいてくる。何世紀も前の世界と、自分の「いま」が交錯し、ピタッと重なる瞬間は爽快でもある。

そんなときいつも、ドイツ人の演出の根底には、彼ら特有のアイロニーやウィットが流れていると感じる。これこそが彼らの稀有な才能の源なのだ。そしてひょっとすると、ドイツ人の理想と底力も、こんなところに隠れているのかもしれないと思うのである。

なお末尾ながら、本書の執筆にあたって、素晴らしいインスピレーションと温かい助言を与えてくださったＫＡＤＯＫＡＷＡの藤岡岳哉様には、心からの感謝を捧げたい。

二〇一八年二月　冬の太陽が美しいカーニバルの日に

川口マーン惠美

川口マーン惠美（かわぐち・まーん・えみ）
作家（ドイツ・シュトゥットガルト在住）。日本大学芸術学部卒業後、渡独。1985年、シュトゥットガルト国立音楽大学大学院ピアノ科修了。著書に、『住んでみたドイツ 8勝2敗で日本の勝ち』（講談社＋α新書）、『ヨーロッパから民主主義が消える』（PHP新書）、『復興の日本人論』（グッドブックス）ほか多数。2016年、『ドイツの脱原発がよくわかる本』（草思社）で第36回エネルギーフォーラム賞・普及啓発賞受賞。

そしてドイツは理想《りそう》を見失《みうしな》った

川口《かわぐち》マーン惠美《えみ》

2018 年 3 月 10 日　初版発行
2024 年 10 月 25 日　3 版発行

発行者　山下直久
発　行　株式会社KADOKAWA
〒102-8177　東京都千代田区富士見 2-13-3
電話　0570-002-301（ナビダイヤル）

装 丁 者　緒方修一（ラーフイン・ワークショップ）
ロゴデザイン　good design company
オビデザイン　Zapp!　白金正之
D T P　エヴリ・シンク
印 刷 所　株式会社KADOKAWA
製 本 所　株式会社KADOKAWA

角川新書

ISBN978-4-04-082217-4 C0231